IT'S PEOPLE

이/제/는/인/재/경/영/이/다

비즈니스 **3**

IT'S PEOPLE

이/제/는/인/재/경/영/이/다

박형건 지음

이담 Books

　　　　필자가 김해시로 온 지 벌써 수년이 흘렀다. 처음 김해시에 왔을 때 느낌은 시골스럽고 자연 경치도 좋고 조금은 아늑한 기분을 자아내는 듯했다. 또한 아침에는 젖소소리가 들리고 맑은 공기가 아침을 한층 더 새롭게 하는 듯했다. 인제대학교 강의를 시작으로 김해시에서 지식을 기반으로 하는 일이 서서히 조성되어 갔다. 필자는 김해시로 오면서 맨 먼저 하고 싶은 연구가 이 지역 중소기업들의 실상을 제대로 알고 싶었다. 필자는 주로 대기업에서 인사·조직에 대해 거의 12년간 연구를 했지만 실상 우리나라에서 가장 많은 중소기업들에 대한 인사·조직이 어떻게 이루어지는지에 대해서는 아직 문외한(門外漢)이었다. 그래서 중소기업에 대한 새로운 인식과 문제점을 파악하기 위해 김해시청을 찾아가서 공장이 분포된 지역과 지도를 구했다. 이를 바탕으로 필자는 어느 지역에서 시작해 어느 지역까지 조사를 할 것인지에 대한 계획과 해당 중소기업 최고경영자들을 만날 약속을 잡으려고 전화를 걸기 시작했다.

처음에 중소기업체(종업원 100인 이상) 최고경영자들과 통화를 해서 필자에 대한 소개와 해당 업체가 안고 있는 문제점 중에서 인사조직에 관한 어려운 문제점이 무엇인가를 알고 싶어 전화를 했고 한 번 만나 뵙고 얘기를 듣고 싶다고 하면 대개는 어려움이 있지만 정확히 인사조직에 대해 어떤 문제점이 있는지조차도 모르고 있는 경우가 많았다. 또한 인사조직에 대한 기본적인 마인드와 인재의 중요성을 심각하게 인식하지 못하고 있는 실정이었다. 많은 중소기업체 최고경영자들은 주로 하는 업무가 운영자금의 부족분을 채우기 위해 은행에 가서 자금을 빌려 오는 데 온 신경을 쓰고 협력업체들을 만나서 더 많은 오더를 받기 위해 노력하는 모습을 보게 되었다. 또한 자사의 영업매출에 대해 주로 신경을 쓰고 있는 실정이었다. 그래서 많은 중소기업체 최고경영자들은 새로운 기술개발과 좋은 인재를 발굴하여 자사로 유인하는 정책들은 찾아보기가 힘든 실정이었다. 이유는 당장 기업체 운영하기도 빡빡한데 거기까지 돌아볼 여유와 자금이 부족했다. 또한 인사조직은 단지 종업원들이 열심히 일을 하도록 하는 많은 규칙들과 약간의 인센티브가 전부였다. 종업원들은 회사에서 받는 월급만큼 일을 한다는 생각으로 회사에 대한 주인의식이나 업무개선 활동들은 찾아보기가 어려운 정도였다. 중소기업체 최고경영자들과 종업원들 간의 의사소통도 제대로 되지 않아 서로가 불신하는 풍조가 만연하고 경영자는 경영자대로 종업원들은 종업원대로 불만이 높고 서로를 비난하고 서로 자기들만의 입장만 주장하는 그런 실정이었다.

그럼 왜 이와 같은 불만들이 생기고 서로를 불신하는 그런 사업장들이 되었는지에 관해 이야기를 하자면 이유는 많을 줄 안다. 필자가 보기에 구조적으로 많은 유사업종의 중소기업체로 인한 과다경쟁과 주로 대기업의 하청을 받는 중소기업체들의 난립으로 자체적인 개선보다는 대기업 하청단가에 맞추는 경영방식으로 인해 미래가 없고 현실에만 급급한 기업체들이 많이 발생한 결과라 본다. 이를 개선하기 위해서는 먼저 각 중소기업체들의 의식변화와 기업다운 기업을 경영하겠다는 최고경영자들의 결단이 중요하다고 본다. 그리고 국내 중소기업들이 인적관리에 많은 노력은 기울이지만 대체로 사내직원들을 만족시키지 못해 열정과 감동이 넘치는 조직을 만들지 못하고 있는 실정이다. 필자는 작금의 문제점들을 돌아보고 중소기업체들에 대해 5년 가까이 경영자문을 하면서 얻은 경험과 지식을 통해 이와 같은 문제점들을 해소하는 좋은 아이디어를 제공하고 중소기업 직원들을 어떻게 하면 열정과 감동이 넘쳐서 오너십과 창의성을 갖고 업무에서 발생하는 문제점들을 잘 대처해 업무 효율성 제고와 기업이윤 창출이 가능한지, 그리고 오늘도 기업현장에서 최고경영자 혼자 많은 문제점들을 해결하고자 고민하고 노력하는 경영자들에게 필자의 지식이 도움이 되기를 바라면서 이 책을 내놓게 하신 하나님께 영광을 돌린다.

이 책을 출판하기까지 정성을 다해 주신 한국학술정보(주)출판사 가족분들께 감사드린다. 또한 곁에서 이 책이 나오기까지 필자를 위로하고 격려해 준 가족들, 특히 아내와 큰딸 하영과 항상 옆에서 좋은 후원자가 되어 주신 임명식 사장님과 김범규 박사님 그리고 이 책이 나오기까지 좋은 조언들을 제공해 주신 이영규 박사님, 장석권 박사님 또한 삽화로 수고해 주신 건축사 박홍규 님께도 감사드린다.

2009년 2월 김해연구실에서
박형건 드림

|목차|

　　　　　경영지도를 통해 그리고 평상시 잘 아는 중소기업 최고경영자들에게 기업에 필요한 인력을 어떻게 선발합니까라는 질문을 하면 대개 지인을 통한 추천, 최고경영자 출신학교 선후배, 신문 또는 관공서를 통해 선발을 한다고 얘기를 한다. 그런데 보통 기업체에서 인력을 선발한 후 3~4개월 이후부터는 인력으로부터 여러 가지 문제점들이 돌출된다. 예를 들면, 인력이 갖고 있는 재능이 기업에 맞지 않거나, 법인카드를 이용해 개인용도로 사용하는 일, 인력의 근무태만 등 부도덕한 일을 통해 골머리를 앓는 최고경영자들을 많이 보게 된다. 또한 채용된 직원들은 직원들 나름대로 회사에 불만을 품고 회사가 제대로 대우를 하지 않고 일만 시킨다는 생각, 직원들에게 필요한 후생복지시설 부족, 기업 내부에서 학습을 지속할 시스템이 부재하다는 불만, 새로운 도전을 가능케 하는 일이 없다는 불만, 작업환경의 열악함과 작업이 단조롭고 단순하다는 불만 등 많은 문제점들을 지적한다.

그럼 왜 이런 현상들이 발생하는가? 여기에 많은 기업 외부의 구조적 문제와 환경 그리고 기업 내부의 이유들이 존재한다. 필자는 여기서 인재경영의 관점에서 한정하여 살펴보고자 한다. 위와 같은 문제점들을 해소하기 위해서는 먼저 최고경영자들은 기업이 보유한 직원들에 대한 인식 전환과 마인드 변화가 이루어져야 하고 직원들은 회사에 높은 생산성과 효율성 그리고 책임의식을 보여야 한다. 최고경영자는 직원들이 회사에 종속된 사람이라는 의식에서 사업의 동반자이자 파트너라는 인식을 해야 한다. 즉, 예전에는 수직적 관계에서 이제는 수평적 관계로의 전환이 필요하다. 직원들은 단순히 노동력에 대한 보수를 받는다는 인식에서 이제는 기업과 함께 사업의 동반자이고 협력자라는 인식의 전환이 필요하다. 그래서 스스로 기업 내부의 문제점들을 파악하여 해결점을 찾고 연구해야 한다. 이런 변화가 일어나지 않으면 기업은 지속적인 성장도 불가능하고 생존하기조차도 어렵다. 기업의 주변 환경은 날로 예측하기가 어렵고 불확실하다. 하루가 다르게 새로운 경쟁자가 나타나고 새로운 기술을 가진 기업들이 등장하여 세상변화를 주도한다. 예를 들면 종전에는 컴퓨터를 운영하는 프로그램 시장에서 마이크로소프트 사가 장악했는가 싶더니 새로운 야후라는 회사가 등장하여 영향을 미치고 최근에는 구글이라는 회사가 등장하여 새로운 바람을 불러일으키고 있다.

이처럼 엄청나게 빠른 속도로 변화하고 발전해 나가고 있다. 마수다(Yonei Masuda)는 "정보혁명은 산업혁명보다 3.5배 내지 6.4배의 빠른 속도로 진행되고 있다."고 말한다. 이런 상황에서 기업이 생존하고 불확실성을 극복하기 위해서는 기업은 부단히 노력하고 연구하여 새로운 기술을 개발하여야 한다. 기업이 이런 발전을 하기 위해서는 인재에 대한 새로운 인식의 전환과 마인드 변화가 이루어져야 한다.

필자는 여기서 특히 인재에 대한 인식 변화가 무엇보다도 중요하고 시급하다고 본다. 성장하고 발전하는 중소기업들은 각 기업 나름대로 인재를 관리하고 경영하기 위한 기준과 원칙들이 존재한다. 지금부터 인재경영에 있어 기업들이 반드시 알아야 되는 기준과 원칙들에 대해 알아보고자 한다.

part_ I

인재를 어떻게 선발하고 배치(配置)할 것인가

기업이 요구하는 인재상(人材像)을 구축하라

　기업이 인재를 선발하기 위해서는 기업이 필요로 하는 인재에 대한 정의와 기준이 있어야 한다. 그래서 먼저 기업은 기업의 비전과 사명을 정의하고 기업이 가진 강점이 무엇인가에 대한 정의를 내려야 한다. 사람도 자기의 인생을 살아가는 데 있어 어떤 비전과 목적을 가지고 인생을 운영해 나가고 있다. 이런 비전과 목적이 분명하지 않은 사람은 인생을 낭비하면서 그냥 살아갈 뿐이다. 이처럼 기업도 기업의 이념을 가지고 운영하는 기업은 무엇인가 다르다. 이유가 무얼까? 기업이 나가야 할 방향과 목표가 분명하기 때문에 다른 곳에 신경 쓰지 않고 그 기업의 나아갈 방향에만 집중하므로 다른 기업과 분명히 다르다. 이처럼 기업이 어떤 방향을 가지고 나갈 것인가를 결정하는 것이 바로 기업의 비전이다. 기업의 비전은 무엇인가? 기업의 비전은 두 가지로 구성된다. **첫째는 기업의 핵심가치다. 둘째는 기업의 목적이다.** 지금부터 이것을 하나씩 자세히 살펴보기로 하겠다.

첫째, 기업의 핵심가치는 변화하지 않는다. 기업이 변화하는 환경에 적응하기 위해 기업의 전략과 실행은 지속적으로 변화하는데 오직 핵심가치는 변화하지 않고, 기업이 지속적으로 사업을 밀고 나갈 수 있는 원동력을 제공하는 것이다. 우리가 잘 아는 세계적인 기업인 휴랙패커드(Hewlett-Packard), 3M, Johnson&Johnson, P&G(Procter&Gamble), Merck, Sony, 모토로라(Motorola), LG 및 삼성 등이 그들 기업의 조직을 늘 새롭게 유지하고 장기적인 안목을 가지고 운영할 수 있게 만드는 것들이 바로 기업의 핵심가치이다. HP(Hewlett-Packard)는 급변하는 기업환경에 적응하기 위해 직원들에게 기업의 핵심가치인 'HP Way'라는 정신을 늘 가지게 하고 조직을 변화하고 기업의 전략을 사용하여 타 기업과 차별화된 모습을 통해 지금껏 생존해 온 기업이다. 1996년 3M은 기업의 핵심가치에 집중하기 위해 기업의 강점과 약점을 분류한 후 강점 이외 보유한 많은 기업을 매각하고 강점에 초점을 맞춰 기업의 핵심가치인 해결하기 어려운 문제를 혁신적 방법을 통해 해결한다는 '혁신'을 핵심가치를 가지고 지금까지 운영해 온 기업이다. 3M은 세계적으로 많은 특허를 보유한 기업이다. 진정으로 위대한 기업들은 변화해야 하는 것과 변화하지 말아야 할 것의 차이를 분명히 인식하고 있다. 핵심가치는 기업이 무엇을 표방(標榜)하고 왜 기업이 존재해야만 되는지 이유를 제시한다. 또한 이 핵심가치는 기업이 생산한 제품과 시장 Life cycles에 일정하고 지속적으로 유지하게끔 기업의 조직 성격을 잘 나타내는 것이다. 그리고 다양한 기업의 조직과 기업 내 다양한 사람들을 하나로 묶어 주는 것이 바로 핵심가치이다.

둘째, 기업의 목적이다. 목적은 기업이 존재해야 하는 이유를 말한다. 효과적인 기업의 목적은 기업 내에 있는 사람들에게 기업의 업무 수행을 즐겁게 하도록 동기를 부여하는 것이다. 이 목적은 기업의 생산제품에 초점을 맞추는 것이 아니라 바로 고객에 초점을 맞추는 것이고 기업조직의 영혼을 말하는 것이다. 이 목적은 결단코 성취할 수 없는 것이다. 예를 들면 나침반이 없는 시대에 배가 항해를 할 때 북극성을 보고 방향을 가늠하여 항해하듯 기업이 수평선 위에 떠오른 안내별을 통해 안내받듯이 목적은 기업이 영원히 추구해야 하는 이유이지만 결코 도달할 수 없는 것이다. 3M은 기업의 목적을 "풀리지 않는 문제들을 혁신적 방법을 통해 해결한다."라고 하여 항상 기업을 이끌어왔고 늘 새로운 분야로 진출하고 있다. 세계적인 컨설팅 회사인 맥킨지(Mckinsey)는 기업의 목적을 "기업과 정부를 도와 더욱더 성공적으로 이끈다.”라고 하여 컨설팅보다는 문제를 해결하는 방법들에 대해 상담하고 도와주어 세계적인 기업이 되었다. 월트디즈니(Walt Disney) 사는 기업의 목적을 “사람들을 행복하게 하는 것”이라고 정하고 각종 만화, 영화 그리고 캐릭터를 통해 사람들을 즐겁고 삶에 대해 행복하게 느끼도록 만들고 있다. 그럼 여러분이 소유한 기업의 목적은 무엇인가? 한 번쯤 심각하게 고민하기 바란다.

필자는 여러분이 기업의 목적을 발견하기 위한 아래와 같은 두 가지 힌트를 주고자 한다.

첫째는 여러분이 만드는 제품과 제공하는 서비스에 대해 자세히 진술하고 나서 왜 위에서 진술한 것들이 중요할까라고 스스로 자문하기 바란다.

둘째는 여러분이 제조한 제품과 제공하는 서비스가 어떻게 평가받고 있는지와 왜 이런 제품과 서비스가 중요하게 인식되어야 하는지에 대해 자문하라. 시장에서 조사한 데이터를 통해 여러분의 고객이 여러분이 제조한 제품과 제공하는 서비스에 대해 잘 이해하고 있는지 또한 그들이 우리 회사를 얼마나 신뢰하는지에 대해 알 수가 있다.

예를 들어 설명하면 어떤 회사가 생산하는 제품이 아스팔트와 자갈이라고 하면 이 회사는 우리가 만드는 포장재인 아스팔트와 자갈이 도로나 구조물에 중요하다고 할 것이다. 이유는 사람들의 안전에 영향을 주기 때문이다. 우리의 경험을 통해 도로가 파인 부분이 있으면 자동차가 이를 피하려다가 대형사고로 연결되는 것을 볼 수가 있다. 비행기가 이착륙하는 활주로에 재질이 떨어지는 아스팔트를 사용하면 비행기에 치명적인 영향을 준다. 또한 구조물을 제작하는데 재질이 약한 자갈을 섞어 사용하여 제작한 구조물은 지진이 발생하면 결함들이 더 잘 나타난다. 이런 것을 종합해 볼 때 우리가 제작하는 포장재인 아스팔트와 자갈은 사람들이 제작한 구조물과 도로에 엄청난 영향을 준다. 그래서 이 기업은 목적을 "사람들의 삶을 더 좋게 만드는 것"이라고 정하고 사람들의 삶을 더 좋게 만들기 위해 더 좋은 아스팔트와 자갈을 생산한다. 이런 방식으로 여러분의 제품과 서비스를 곰곰이 조사하고 설명하다 보면 여러분의 회사에 멋지게 맞아떨어지는 목적을 발견할 수가 있다. 한 번 시도해 보기 바란다.

기업의 핵심가치와 목적은 혁신적인 방법을 통해 창조하는 것이 아니라 단순히 기업에서 생산되는 제품과 제공하는 서비스를 잘 관찰하고 고객이 어떻게 기업을 평가하고 신뢰하는지에 대해 생각하면 좋은 힌트를 얻어 이것을 바탕으로 조직 구성원들과 함께 발견하고 만드는 것이다. 결단코 기업의 핵심가치와 목적은 만들어지는 것이 아니고 지금까지 기업이 운영해 오면서 얻은 여러 가지 경험을 통해 발견한다는 사실을 강조하고 싶다.

그럼 세계적인 기업들의 기업 핵심가치와 목적은 어떤 것들이 있는지 한번 살펴보자.

◉ Merck 사의 핵심가치
- 기업의 사회적 책임(Corporate social responsibility)
- 회사의 모든 면에서 다양한 우수성(Unequivocal excellence in all aspects of the company)
- 과학에 기초한 혁신(Science-based innovation)
- 정직과 성실(Honestly and integrity)
- 사람들에게 유익한 사업을 통한 수익(Profit, but profit from work that benefits humanity)

◉ Nordstrom 사의 핵심가치
- 고객에게 최상의 서비스(Service to the customer above all else)
- 열심히 일함과 개인의 생산성(Hard work and individual productivity)
- 결코 만족하지 않음(Never being satisfied)
- 뛰어난 명성: 어떤 특별한 부분 존재(Excellence in reputation; being part of something special)

◉ Philip Morris 사의 핵심가치
- 올바른 선택의 자유(The right to freedom of choice)
- 승리-공정한 경쟁에서(Winning-beating others in a good fight)
- 개개인의 창의력 제고(Encouraging individual initiative)
- 장점에 기초한 기회(Opportunity based on merit; no one is entitled to anything)
- 열심히 일함과 자긍심 고취(Hard work and continuous self-improvement)

◉ Sony 사의 핵심가치

- 일본문화와 국가상 제고(Elevation of the Japanese culture and national status)

- 개척자-다른 기업을 따라가지 않음: 불가능을 수행(Being a pioneer - not following others; doing the impossible)

- 개개인의 능력과 창발성 고취(Encouraging individual ability and creativity)

◉ Walt Disney 사의 핵심가치

- 냉소주의 제거(No cynicism)

- 전체적인 미국인 가치 양육과 전파(Nurturing and promulgation of "wholesome American values")

- 창의성, 꿈 그리고 상상력(Creativity, dreams and imagination)

- 지속성과 구체성에 열광적인 관심(Fanatical attention to consistency and detail)

- 디즈니 마법의 보존과 통제(Preservation and control of the Disney magic)

◉ 3M 사의 목적: 풀기 어려운 문제를 혁신적인 방법으로 해결하는 것
(To solve unsolved problems innovatively)

◉ Merck 사의 목적: 인간 수명의 향상과 보존
(To preserve and improve human life)

◉ Nike 사의 목적: 경쟁과 승리의 감정을 경험하고 경쟁사 제압
(To experience the emotion of competition, winning and crushing competitors)

◉ Hewlett-Packard 사의 목적: 인류의 진보와 번영을 위한 기술적인 공헌

(To make technical contributions for the advancement and welfare of humanity)

◉ WalMart 사의 목적: 부자들과 똑같은 물건을 구매할 일반적인
   기회 제공
   (To give ordinary folk the chance to buy the same things as
   rich people)

◉ Walt Disney 사의 목적: 사람들을 행복하게 만듦
   (To make people happy)

이상으로 우리는 세계적인 기업들의 핵심가치와 목적을 살펴보면서 여러분은 무엇을 느끼는가? 스스로 자문해 보기 바란다. 여러분의 기업은 어떤 핵심가치와 목적을 가지고 기업을 운영하기 시작했는가?

이와 같이 여러분의 회사가 이제 회사의 핵심가치와 비전을 소유했다면 그 다음은 인재를 어떻게 선발할 것인가 결정하는 것이다. 기업이 어떤 인재를 보유했는지가 기업의 승패를 좌우한다. 인재를 선발할 때 기업은 기업의 핵심가치와 목적에 맞는 인재를 선발해야 한다. 예를 들면 소니 사는 인재를 선발할 때 회사의 핵심가치에 입각해 ① 개척정신이 있고 ② 개인의 능력과 ③ 창의성을 보유하고 ④ 일본문화 창달(暢達)에 뜻이 있는 인재를 선발할 것이다.

필자가 보는 관점은 회사의 창업이 중요한 것이 아니라 회사가 창업하려는 정신을 지속적으로 밀고 나갈 수 있는 원동력인 회사의 핵심가치와 목적이 먼저 결정되고 이에 맞는 인재를 선발하는 것이 더 중요하다. 회사가 나아가고

자 하는 방향과 목적이 분명하지 않으면 회사가 무엇을 추
구할 것인가 결정이 되지 않은 상태에서 출발하며 도중에
많은 어려움이 오고 기업환경이 급변하며 결국에는 도산하
고 말 것이다. 이유는 목적지가 분명하지 않는데 무엇을 생
산해 소비자를 만족시키겠는가? 또한 방향이 없으므로 기
업이 보유한 장점이 제대로 제품에 반영도 되지 못해 타
기업과의 차별성이 없어 결국에는 시장에서 퇴출되고 말
것이다.

인재를 어떻게 선발할 것인가

    필자는 인재경영 하면 가장 먼저 삼국지의 유비가 떠오른다. 유비는 인재를 가장 잘 다루고 용인술(用人術)에 뛰어난 사람이다. 삼고초려(三顧草廬)를 통해 제갈량을 얻고 일평생 동안 수많은 인재들을 만났고 이들을 적재적소(適材適所)에 기용함으로써 정치를 안정시키고 제업(帝業)을 완성하는 일거양득(一擧兩得)의 효과를 창출한 사람이다. 그만큼 인재를 중요시하고 인간관계에 온 힘을 집중한 인물이기도 하다. 인재를 선발할 때 가장 유의할 점은 인재에 대한 선입견과 사고 또한 그 밖의 모든 것을 버리고 인재를 대해야 한다. 가급적 객관적인 사고와 판단을 하도록 해야 한다. 인재는 기업의 운명을 좌우할 정도로 중요하다. 중국의 고서를 보면 청나라 황제 강희제가 가급적 중국의 전성(全城)에서 골고루 인재를 등용하기 위해 새롭게 과거 제도를 도입하고 인재를 구하기 위해 엄청난 노력과 비용을 들여서라도 제대로 된 인재를 모집하려고 노력하는 모습들을 보게 된다. 왜 그렇게 했을까? 그 인재로 말미암아 청나라가 든든히 세워지기 때문이었다. 또한 그만큼 인재가 중요했기 때문이다.

이제 각자 나름대로 회사에 맞는 인재상을 만들고 나서 인재를 선발할 때 중요한 것은 인재가 소유한 인격이라고 나는 본다. 아무리 기술과 재능이 뛰어나도 인격이 제대로 갖추어지지 못하면 절대로 다른 사람과 화합하기가 쉽지 않기 때문이다. 옷을 만드는데 옷의 원단이 좋아야 좋은 옷을 만들 수가 있다. 원단의 재질이 좋지 못하면 옷에 아무리 좋은 디자인과 염색을 한다고 해도 얼마 가지 못해 옷의 본래 기능이 다하고 말 것이다. 이처럼 인재가 소유한 인격이 그 사람의 모든 것을 말하고 향후 인재가 기업에 들어와서, 인재가 소유한 본래 기능을 발휘할지 여부가 결정된다.

나는 21세기 기업의 환경변화에 능동적으로 대처하고 새로운 혁신을 통해 놀라운 업적을 발휘하는 인재는 다음과 같은 조건들을 소유해야 한다고 생각한다.

첫째, 창의성(創意性)이 있어야 한다.

이것은 다른 말로 표현하면 타고난 기질 또는 컬러로 자신만의 독특한 문화를 만들어 가는 것이라고 할 수 있다. 창의성이 발휘되려면 먼저 일에 대한 흥미가 있어야 한다. 일이 재미있어야 흥미도 유발되고 새로운 무언가를 발견하기도 하고 독특한 일로 만들어 나갈 수도 있다. 필자가 최근에 한 기업체를 방문해 종업원들과 대화를 통해 깨달은 것은 대체로 자기 나름대로의 무언가를 만들어 나가는 종업원들은 자기가 원하는 일에 흥미를 느끼거나 아니면 호기심을 유발시켜 전혀 예상 못 한 독특한 일을 만들어 나간다는 사실이다. 반대로 일에 흥미를 느끼지 못한 종업원들은 지속적으로 그 일을 밀고 나가지 못하고 도중에 포기하고 그냥 대충 일을 하려는 경향이 있다는 사실을 알게 되었다. 이처럼 일의 재미가 무엇보다도 중요하다는 것이다. 그럼 일에 흥미를 느끼려면 어떻게 해야 하는가? 본인이 하고자 하는 일이 자기의 적성과 성격에 맞는지를 알아야 한다. 여기에 대해서 더 자세히 알고 싶은 분은 필자가 최근에 저술한 『비전으로 가슴을 뛰게 하라』(한국학술정보(주)출판)를 참고하기 바란다.

선발하고자 하는 인재가 창의성이 있는지를 알고자 하면 일정한 소재를 주고 무언가를 만들어 보게 하든지 아니면 요리를 해 보게 하면 어느 정도는 알 수가 있다. 또한 창작한 작품이 있으면 제출하라고 하면 선발하고자 하는 인재의 창의성과 창발성을 짐작할 수가 있다. 물론 하루아침에 당장 창의성은 만들어질 수가 없다. 이것은 폭넓은 시야를 갖게 하는 경험과 여행 그리고 사람들과 대화를 통해 또는 독서를 통해 얻을 수 있는 산물이기도 하다. 그래서 가급적 폭넓은 시야가 있는지 미술과 음악을 좋아하는지 마지막으로 인재가 좋아하는 운동 종목이 있는지 인터뷰를 통해 알아볼 수가 있다.

둘째, 용기(勇氣)가 있어야 한다.

나는 최근에 공공의 적을 다룬 영화 <강철중>을 보았다. 이 영화에서 주인공으로 나오는 인물인 강철중 형사는 한 살인사건을 조사하는 과정에서 학생이 연루되고 연관된 학생은 학교에서 문제학생이었고 바로 그 학생이 들어가고자 하는 한 회사의 이름을 알게 되어 조사하게 된다. 그때 강철중 형사는 직감적으로 살인사건과 연관된 회사의 사장이 이 살인사건과 관계가 있다고 생각한다. 그 후 계속 수사하던 중에 회사의 사장이 연관되었다는 증거들이 더 뚜렷하게 나오게 된다. 살인사건과 연루된 회사 사장은 친분이 있는 검사를 통해 수사에 압력을 가하고 수사를 중단케 하려고 시도한다. 이때 수사반장은 강철중과 함께 계속해 수사를 진행해야 하는지 고민하게 된다. 또한 살인사건과 연관된 회사 사장이 자기의 부하를 시켜 강철중 형사를 제거하라고 명령을 내려 실행에 옮기는 과정에서 부하가 실수하여 강철중 형사에게 칼로 중상을 입힌다. 그리고 강철중 형사는 개인적으로 적은 월급으로 생명을 위협받아 가면서 업무를 수행해야 하는 고달픈 삶에 회의를 느낀다. 이런 상황이면 보통 사명감이 없는 형사는 수사를 대충하고 마무리하려고 할 것이다. 그러나 이 영화의 주인공인 강철중은 끝까지 추적하고 정의를 위해 싸운다. 나는 이 영화를 보면서 내 마음이 어느 정도 울렁이고 있었고 강철중과 같은 용기 있는 장면을 대할 때마다 나는 흥분으로 숨이 멎을 듯하며 가슴이 뛰곤 했다. 그리고 나도 모르게 이렇게 말했다. "나도 그렇게 되고 싶어."

반면 나이를 먹어 갈수록, 인생에서 평범하고 일상적인 문제를 맞닥뜨리는 데 많은 용기가 필요하다는 사실을 깨닫는다. 우리는 날마다 우리가 겁쟁이인가 용기 있는 사람인가를 나타내는 선택을 한다. 옳은 일과 바르지 못한 일 중에서 선택을 하고 때로는 신념을 지키는 것과 안락, 탐욕, 인정, 돈 때문에 신념을 굽히는 것 중에서 선택한다. 이런 선택의 상황은 매일 속사포같이 우리 앞길에 쏟아진다. 그래서 우리는 이런 선택에 얼마나 자주 직면하는지 우리가 선택하고 있는지도 모른다. 때로는 우리가 신중하게 용기 있는 선택을 하기보다 물 흐르는 대로 흘러가고 있는 우리 자신을 발견하기도 한다.

우리는 회사에서 상사로부터 부도덕한 지시를 받았을 때

용기 있게 아니라고 말하는 용기도 필요하다. 회사의 최고 경영자가 회사를 분명히 잘못된 방향으로 이끌고 있을 때 아니라고 말할 수 있는 용기가 필요하다. 또한 직장 동료 간에 서로의 잘못을 발견하고도 동료 간에 서먹하게 될까 두려워 말하지 못하고 넘어가고 난 후 일이 크게 벌어지고 나서 진작 말을 할 것을 하고 생각한다. 뉴스를 통해 우리는 자주 접한다. 최고경영자가 부도덕한 일을 벌여 검찰에 소환되고 조사를 받는 모습과 분식회계를 통해 투자자들에게 엄청난 손실을 입히고 본인도 감옥에서 삶을 보내는 모습들을 보게 된다. 이 얼마나 부끄러운 일인가?

향후 기업의 인재는 분명한 태도로 모든 사람이 '예'라고 말할 때, 때로는 '아니요'라고 말할 수 있는 용기도 필요하고 때로는 신념을 굽히지 않고 밀고 나갈 수 있는 용기도 필요하다. 이런 용기를 소유한 인재가 기업을 살리고 기업을 위기에서 구할 수 있다.

선발하고자 하는 인재가 용기에 대해 어떻게 생각하고 실제 용기를 발휘한 사례가 있는지를 자기 소개서에 기술하라고 하여 기술한 내용을 통해 인재가 어느 정도의 용기를 갖고 있는지를 짐작할 수 있다. 또한 실제 사례를 통해 인재가 가지고 있는 생각과 해결하는 방법들을 통해 짐작해 볼 수가 있다.

셋째, 자기 통제력을 소유해야 한다.

내 직업의 특성상 지금껏 적지 않은 사람들을 만나 왔다. 그중에서 중소기업을 운영하는 기업가들과 대화를 나누어 보면 어떤 기업가는 자기의 계획대로, 자기의 마음먹은 대로 일을 성공적으로 마무리하는 분들을 보게 된다. 또한 개인적인 관계들을 보면, 친구관계, 가족관계, 사회 동호회 활동도 아주 활발하고 모든 활동들을 적극적이고 긍정적인 사고로 접근하는 것을 보게 된다. 나는 이분들을 만나 대화도 하고 식사도 같이하면서 조금씩 친해지면서 나는 이렇게 질문을 했다. "어떻게 하는 일마다 본인의 뜻대로 마음먹은 대로 일을 성공적으로 처리를 할 수 있습니까?" 이분들의 답변 속에서 나는 한 가지를 발견할 수 있었다. 그것은 바로 자기 통제력이 있었다. 자기 통제력은 사람이 가질 수 있는 인격의 자질 가운데 중요한 자질이다. 자기 통제력은 다른 말로 표현하면 지금 당장의 달콤한 유혹을 유보하고 미루는 능력이다. 즉 지금 당장 편하기보다는 즐거움을 유보하여 나중에 더 큰 즐거움을 즐기려고 하는 능력이다. 자기 통제력은 즐거움의 유보, 미루는 것이다.

내가 군에 있을 때 한번은 안양에 있는 유격훈련소에 입소하여 훈련에 참가하게 되었다. 내가 소속된 부대의 차가 유격훈련소에 들어가자 곧바로 빨간 모자를 쓴 조교들이 험악한 인상과 목소리로 빨리 내려뛰어서 경사가 제법 있는 숙소 앞으로 오라는 명령을 내리고 정신없이 뛰어 숙소 앞으로 도착하자 바로 "앞으로, 뒤로, 취침하면서"정신없이 굴렸다. 그리고 땀으로 뒤범벅이 된 나를 조교들이 숙소로 안내하였다. 옷을 훈련복으로 갈아입고 훈련이 시작되는데 한참 훈련을 받고 나니 정말 죽을 지경이 되었다. 그리고 그만 포기하고 싶은 유혹이 올 때 이를 잘 극복하고 훈련을 다 마치고 내가 소속된 부대로 돌아가 정상의 업무를 할 때 오는 즐거움이 주는 기쁨, 그것이 자기 통제력에서 오는 즐거움이다. 이럴 때 나는 나도 모르게 자연스럽게 자신의 한계에 대한 통제력의 능력을 배운다. 또한 일상생활에서도 자기 통제력이 얼마나 필요한지 깨닫게 된다. 나는 처음 결혼생활을 하면서 아내와 내가 살아온 환경의 차이에서 오는 문화적 충돌로 인해 많은 어려움이 있었다.

서로에 대해 알려고 노력하고 이해하려고 해야 하는데 그 당시에는 아내에게 당신이 잘못해서 일이 발생했다고 비난하기도 하고 내 잘못은 전혀 고려하지도 않았다. 이런 시간들이 지속되고 누적이 되면서 '더 이상은 안 돼!' 하면서 무언가를 결정하려고 할 때 나는 '이보다도 더 힘든 일도 참았는데' 하면서 참고 아내를 이해하고 내 잘못을 아내에게 얘기하고 힘든 시기를 넘긴 경우가 있었다. 아마 이때 이런 참을성이 없었다면 어떻게 되었을까 하고 나는 나 자신에게 질문을 하곤 한다. 이처럼 일상생활에서 많은 자기 통제력을 필요로 한다. 이것은 하루아침에 만들어지는 것이 결코 아니다. 오랜 시간 인내하고 희생할 줄 아는 태도를 가지고 노력하고 훈련을 통해 얻을 수 있는 능력이다. 나는 내 아이들에게 이런 자기 통제력을 키우도록 많이 유도한다. 학교 숙제를 바로 해야 되는 이유와 용돈을 잘 관리해 나중에 유용하게 쓰는 즐거움 등 여러 가지를 가르친다. 아이들에게 용돈을 가지고 지금 당장 필요하고 좋은 것을 사고 싶을 때 한 번 더 생각하게 만들고 정말 이것을 꼭 구매해야 하는지 자신에게 물어보게 함으로써 용돈의 통제력과 절제에 대해 배우도록 한다. 이것은 자녀들에게 가르칠 중요한 요소다.

선발하고자 하는 인재가 자기 통제력을 보유하고 있는지에 대한 판단 여부는 일정한 소재를 통해 인재의 육체적 한계에서 이를 어떻게 대처하고 반응하는지를 시험하기 위한 극심한 환경이나 오지(奧地)탐험 그리고 국토순례 행진 등을 통해 인재가 어떻게 행동하고 함께 참여한 동료들에게 어떻게 대하는지를 보면서, 인재가 자기 통제력이 어느 정도 보유했는지를 판단할 수가 있다고 나는 본다.

넷째, 비전을 소유해야 한다.

나는 여름방학 기간에는 가족들과 함께 부곡에 있는 부곡하와이를 가곤 한다. 그곳에는 다이빙할 수 있는 다이빙장이 있다. 내 아이들과 아내는 다이빙하는 것을 무척 즐긴다. 나도 가끔씩은 다이빙을 하지만 그렇게 즐기지는 않는다. 나는 여러 사람과 함께 내 아이들이 다이빙하는 모습을 살펴면서 재미있는 동작을 보게 되었다. 어떤 사람은 다이빙대에서 뛰어들려는 순간 갑자기 주저앉는 모습을 보게 되었다. 왜 주저앉는 걸까? 아마도 그것은 순간적으로 물에 대한 두려움이 공포감으로 다가오기 때문이다. 내 아이들은 이를 무척 즐기고 있었다. 그래서 나는 아이들에게 물었다. "너희들은 겁이 나지 않니?" 내 아이들은 "왜 겁이나요?"라고 나에게 반문했다. 내 아이들은 다이빙을 그냥 놀이로 즐기고 있었다. 바로 이것이다. 어떤 사람은 다이빙할 때 물만 바라보니 두려움이 왔다. 내 아이들은 다이빙할 때 물을 보는 것이 아니라 다이빙할 때 놀이의 즐거움을 바라면서 뛰어내린다는 사실을 알았다. 바로 시각의 차이가 행동의 차이로 표현되었다는 사실이다.

우리가 삶을 살아갈 때 많은 어려움과 고난이 온다. 이때 이 고난을 어떻게 대처하는지를 바라보면 그 사람이 비전을 소유했는지 아닌지를 알 수가 있다. 비전을 소유하지 못한 사람은 고난 그 자체인 문제만 바라보기 때문에 더욱더 깊은 수렁으로 빠져 들어가 헤어 나오지 못하는 것을 자주 보게 된다. 그것은 문제만을 바라보기 때문에 문제로 인해 공포감이 엄습하여 한 발짝도 나아가지 못하게 하는 것이다.

비전을 소유한 사람은 고난인 문제만을 바라보는 것이 아니라 문제 뒤에 있는 즐거움과 문제를 해결하고 난 후 얻는 결과를 보기 때문에 그 고난을 문제로 보는 것이 아니라 문제가 있다는 것은 내가 살아 있다는 것이고 문제가 있다는 것은 답도 있다고 생각하고 문제를 해결하려는 방향으로 밀고 나간다는 것이다. 그럼 왜 이처럼 고난에 대해 사람들이 극명(克明)하게 차이를 보이는 것인가? 그것은 문제를 바라보는 시각의 차이가 삶에 커다란 차이를 낳는다는 것이다. 어떤 사람은 오늘을 자기의 삶에 남은 시간의 첫날이라고 보는 사람이 있는가 하면 어떤 사람은 어제나 오늘이나 같은 시간일 뿐이라고 생각한다. 왜 이처럼 차이를 보이는가? 그것은 결국 비전을 소유했는지 소유하지 못했는지에 대한 반응의 결과이다.

내가 기업인들과 대화를 하면 많은 기업인들은 직원들이 좀 창의력도 있고 주인의식도 있어 일을 처리할 때 기업주와 같은 생각을 하고 일을 처리하기를 바라는데 그런 직원들이 부족하다는 것이다. 또 기업주는 위에서 말한 창의력과 상상력도 있고 주인의식이 있는 직원을 뽑고 싶지만 그런 인재가 적다는 것이다. 단지 평범한 사람들이 너무 많다는 것이다. 지시받은 일을 지시받은 대로 처리하고 그 이상도 이하도 아니라는 것이다. 이와 같은 이유가 무엇인가? 그것은 비전을 소유하려면 많은 노력과 시간이 필요하고 상당한 훈련이 필요하다는 것이다. 그저 물 흐르는 대로 흘러가고 할 일만 하는 것이 훨씬 쉽기 때문이다. 종전의 사고 틀을 깨려면 용기가 있어야 하고 실패의 부담도 무릅쓰고 새로운 아이디어와 새로운 방법을 시도하려면 자신감과 인내도 필요하기 때문에 많은 사람들이 포기하고 쉬운 방법을 택한다는 것이다. 비전을 지닌 사람이 되려면 땀을 많이 흘려야 하고 많은 시간도 필요하다.

비전은 현재의 시각으로 다가올 미래의 결과를 현재의 시점으로 표현하고 그것을 확신하면서 나아가는 능력이다. 이것은 인격의 중요한 자질 가운데 하나이다. 비전을 가지려면 창의성도 있어야 하고 용기와 자기 통제력이 바탕이 되어야 한다. 결코 쉬운 일이 아니다. 비전은 남들이 보지 못하는 것을 보는 능력이고 일상적인 문제에 대해 해결책을 강구할 수 있도록 하나님이 주시는 능력이다. 우리가 무엇을 바라보는가에 따라 우리의 인생이 바뀐다. 우리는 날마다 비전을 품고 문제를 문제로만 보지 말고 답도 있다고 생각하고 해결하려는 방향으로 나아가야 한다. 비전에 대해 더 자세히 알고 싶으면 내가 쓴 책 『비전으로 가슴을 뛰게 하라』를 참고하기 바란다.

선발하고자 할 때 인재가 가지고 있는 비전이 무엇인가? 그리고 사명선언문이 있는지를 인터뷰하면 알 수가 있다. 비전이 있는 사람은 분명히 삶을 지배하는 지배가치가 분명히 존재한다. 그리고 이를 어떻게 육성하고 있는지 또한 이를 위한 시간관리는 어떻게 하는지를 질문하면 알 수가 있다. 비전을 소유한 인재는 삶에 대한 명확한 방향과 지침이 있어 절대로 흔들리지 않는다. 어떠한 어려움이나 고난이 와도 이를 능히 이길 수 있는 내적 힘을 보유한 인재라는 것을 행동과 언어를 통해 충분히 표출하고 있다.

다섯째, 인내를 소유해야 한다.

당신은 지난 세월을 뒤돌아보면서 아쉬움과 후회하는 부분은 없는가? 예를 들면, 공부를 더 하여 석사 또는 박사학위를 받을 걸, 돈 관리를 잘할 걸, 영어공부를 계속할 걸, 사업을 좀 더 체계적으로 잘할 걸 등. 지속했으면 좋은 결과를 볼 수 있는데 중도에 포기하여 후회하는 것들이 얼마나 많은가? 그럼 당신은 어떤가? 과연 지금까지 당신은 후회 없이 살았는가?

나는 인내를 기다림으로 표현하고 싶다. 무언가 때를 기다릴 줄 아는 사람이 행복한 사람이라고 생각한다. 성경에는 '때'에 대해 많이 언급하고 있고 또한 기다림에 대해 우리에게 좋은 교훈을 주고 있다. 당신이 군복무를 할 때 의무적인 복무기간이 있다. 이 기간이 만료될 때까지는 절대로 군에서 나올 수가 없다. 만약 당신이 복무기간 전에 군에서 이탈하면 당신은 탈영군인이 될 것이다. 이처럼 모든 일에는 시작이 있으면 끝도 있다는 것이다. 우리가 마라톤을 할 때 보통 30분 정도 뛰고 나면 서서히 힘들어진다. 그만두고 싶을 때 억지로 한 발짝 더 뛰는 것이 인내이다. 또한 결혼생활을 하면서 10년 정도 지나면 서서히 서로에게 왠지 모르게 부담으로 다가오고 때로는 새로운 누군가와 만나 보고 싶을 때 이를 잘 참고, 서로의 위치에서 최선을 다하는 것이 바로 인내이다. 인내는 우리에게 많은 유익을 준다. 인내하지 못해 부끄러움을 당하는 것이 우리 주변에 얼마나 많은가?

포도주는 숙성시간, 맛 그리고 향기로 그 가치를 인정받는다. 숙성시간이 길면 길수록 가치는 올라간다. 이유는 오랜 시간 포도주 자체에서 숙성과 발효가 일어나 우리의 인체에 많은 유익을 주기 때문이다. 운동선수가 국가를 대표해 올림픽에 나가기 위해서 얼마나 많은 땀과 노력들을 하는가? 이것은 노력의 결과를 바라며 인내하는 것이다. 이처럼 인내하려면 비전이 있어야 하고 여기에 용기도 필요하고 또한 자기 통제력도 있어야 한다. 우리는 이 모든 환경을 극복하고 인내함으로 좋은 결과를 얻을 수 있다. 우리가 여름에 아름다운 장미꽃을 많이 보려면 겨울에 가지치기를 잘해야 한다. 때로는 위험을 무릅쓰고 장미꽃의 봉우리를 몇 개 되지 않도록 가지치기를 해야 하는 아픔을 맛보기도 한다. 하지만 겨울을 잘 넘기면 여름에는 크고 아름다운 장미꽃을 많이 보게 된다. 이처럼 인내는 우리에게 고통도 주지만 이를 잘 극복하면 더 좋은 열매를 맛보도록 만든다.

인내가 있는 인재를 선발하려면 다양한 소재를 가지고 다양한 방법으로 할 수가 있다. 예를 들면, 등산을 통해 알 수도 있고 일정한 거리를 도보(徒步)하게 함으로써 판단할 수 있다. 아니면 인재의 신체적 한계에 도달하게 하여 일어나는 반응 등을 살펴봄으로써 판단할 수도 있다. 인내는 단시간에 형성되는 것이 아니다. 많은 고난과 어려움을 통해 인내를 조금씩 배워 갈 수 있다. 그러나 이것은 인재가 가지고 있어야 할 중요한 인격의 한 요소이다. 이를 갖고 있는 인재는 어떠한 어려움이 와도 흔들리지 않고 자기의 신념과 추구하고자 하는 목적을 향해 꾸준히 밀고 나갈 수 있다. 이런 인재를 보유한 기업은 다른 기업에 비해 강한 생명력과 지속성을 가지고 나갈 수 있다.

여섯째, 정보 분석능력을 소유해야 한다.

이것은 대단히 중요한 능력이다. 인터넷이 지금과 같이 발전하기 전에는 정보를 얻기가 쉽지 않았다. 또한 정보에 접근하기도 결코 쉽지 않았다. 정보에 접근하려면 많은 자본이 소요되는 것이 일반적 사항이고 이 정보를 누가 소유하고 있는지도 알기가 어려웠다. 그래서 노하우가 중요하다고 사람들은 인식했다. 그러나 최근에는 정보의 접근이 용이하고 정보가 너무 많아 오히려 혼란을 초래하는 실정이다. 예를 들면 여러분이 지금 컴퓨터 앞에 앉아 검색 엔진을 통해 '축구공'이라는 단어를 입력해 확인을 눌러 보면 엄청 많은 정보들이 나타난다. 여기서 여러분이 찾는 축구공에 대한 정보가 무엇인지를 정확히 찾아내는 데는 여러분의 각자 나름대로의 기준이 있어야 찾기가 쉽다.

그럼 기준은 무엇인가? 그것은 각자, 자기가 찾기를 원하는 정보가 있다. 이 정보를 만족시키려면 많은 정보들을 추려서 골라내야 하는데 이때 정보를 추리고 골라내는 일종의 필터가 바로 기준이고 이 필터를 이용해 자기가 찾으려는 정보를 얻는 능력이 바로 정보 분석력이다. 이제는 'Know-how'에서 'Know-where'가 더 중요하다고 사람들은 인식하기 시작했다. 또한 기업들은 좋은 인재의 조건에 바로 정보 분석능력이 있는가를 판단하기 시작했다는 것이다. 정보 분석능력은 무엇보다도 필요로 하는 정보를 얻고자 할 때 어떤 기준을 가지고, 어떤 목적에 사용하려고 하는지에 대한 기준점을 만들고 다음에 정보를 수집하여 기준에 맞는 자료들을 추출하여 정보들을 분석하고 정리하여 최종적으로 판단하고자 하는 목적에 맞는 정보를 얻을 수 있느냐 하는 것이다. 위와 같은 일련의 과정들을 수행하는 능력이 점점 더 중요해지는 시점이다. 이런 능력을 소유한 인재를 선발하려면 평소에 인재가 몇 권의 책을 읽고 있는지, 독서

한 책에 대해 느낀 점과 도전받은 내용을 기술하게 하거나 또는 일정한 사례를 주고 그룹토론을 통해 일련의 어떤 과정을 거쳐 어떤 결과물이 나오는지를 관찰함으로써 알 수가 있다.

일곱째, 심력(Mind power)을 소유해야 한다.

다르게 표현하면 통전적(通全的) 사고의지(思考意志)이다. 심력을 한 단어로 설명하기는 대단히 어렵다. 내가 보는 심력은 기업의 중요한 업무를 수행함에 있어 마음의 동요 없이 업무를 수행하는 능력이라고 본다. 즉 기업의 중요한 업무를 수행하는 데 필요한 분석, 판단 및 결정을 통해 발생될 여러 가지 일로 인해 업무 최종 수행 결정자와 자신의 삶을 살아가는 기준들에 대해 이해관계가 서로 상충되어 심한 스트레스를 받는 상황, 업무 결정하기가 심히 어려운 여건, 기업의 존폐 위기가 있을 때, 어려운 환경들을 통해 오는 여러 가지 스트레스 요인들로 인해 심한 마음의 동요를 발생시킬 때 자신의 확고한 삶의 원칙, 자신감 및 업무수행 결과에 대한 긍정적 확신을 가지고 업무를 수행하는 능력을 말한다. 앞으로 비즈니스 환경이 갈수록 불확실하고 판단하기가 매우 어려운 상황들이 빈번히 발생하리라 본다.

그러므로 기업체에서는 필히 심력을 가진 인재를 선발하

려고 많은 노력을 기울일 것이다. 그리고 기업체에서는 신입사원을 선발할 때 기업체 나름대로의 다양한 소재를 가지고 심력을 테스트하고 있다는 사실을 신문을 통해 우리는 자주 접할 수가 있다. 심력은 하루아침에 만들어지는 것이 결코 아니다. 많은 시간과 경험을 통해 길러지는 것이다. 심력은 고난을 통해서 만들어지는 결정체다. 그래서 심력을 가진 사람과 심력을 가지지 않은 사람과의 구별은 대단히 어렵다. 하지만 일정한 소재를 가지고 다양한 테스트를 통해 충분히 검증은 할 수가 있다. 고난을 이길 수 있는 능력은 고난을 경험한 사람만이 가질 수 있는 일종의 면역력이라고 할 수 있다. 학업을 하는 학생들에게는 위와 같은 심력은 자기의 의지대로 학업을 꾸준히 수행하는 능력이라고 말할 수 있다. 예를 들면 학업의 진행계획표에 따라 자기의 학업 목표를 스스로 정해 일정한 기간 내에 달성하려고 노력하는 일련의 활동이다. 이것은 다른 표현을 사용한다면 일종의 의지력 또는 결단력이다.

여덟째, 다면적(多面的) 의사소통 능력(Communication Power)을 소유해야 한다.

이것은 대단히 중요한 능력이다. 의사소통 능력이라고 해서 무슨 말을 할 때 화려한 미사여구를 사용하는 능력이 아니라 얼마만큼 자기의 뜻을 상대방에게 정확하게 전달할 수 있는가를 말한다. 나는 종종 기업체에 가서 강의할 때 수강하는 사람들에게 자주 질문을 하곤 한다. 이유는 내 강의를 수강하는 사람들이 얼마만큼 이해하고 있고 소화해 내는지를 알고 싶기 때문이다. 이처럼 상호 의사를 확인하고 어느 정도 이해를 하는지에 대해 서로 의견을 교환할 때 우리는 정확히 서로가 서로의 의견에 대해 어느 정도로 이해하는지를 짐작할 수가 있다. 의사소통 능력을 다르게 말하면 일종의 표현력이라고 볼 수도 있다. 표현은 반드시 상대방이 있어야 가능하다. 그리고 사람들이 자기 나름대로 조리 있게 말하고 글로 표현했다고 생각해도 반드시 상대방에게 바르게 전달되었다고 단정할 수가 없다. 왜냐하면 상대방은 기계가 아니라 살아 있는 인간이기 때문이다. 그때의 컨디션, 감정, 사회적인 위치, 자신과의 관계 등에 따라 전달방식이 달라지기 때문이다. 예를 들어 남편과 아내, 가족이라면 바로 이해해 줄 이야기도 회사 동료나 상사 등 타인에게는 잘 이해가 되지 않는 경우가 있다. 또 이와 반대의 경우도 생각해 볼 수가 있다. 표현력에는 '사람들과의 교제'에 얽힌 문제들을 잘 처리하는 능력도 포함된다고 볼 수도 있다. 그래서 상대방 혹은 상대방이 처한 상황에 따라 표현방법도 달리해야만 한다.

상대방과 잘 사귀지 못하는 사람은 커뮤니케이션 능력이 미숙하고 결국에는 표현력이 부족하다고 볼 수가 있다. 나

역시 커뮤니케이션 능력이 부족하다고 생각한다. 종종 같은 말을 상대방의 기분과 감정을 고려해 적절하게 사용해야만 되는데 나도 모르게 상대방에게 하지 말아야 되는 이야기도 불쑥 튀어나와 곤경에 빠지는 경우가 가끔 있는 것을 볼 때 그렇다. 표현력을 높이려면 결국에는 생각하는 능력을 높여야 한다. 이것은 꾸준히 독서하고 자기 나름대로의 생각하는 힘을 길러야 한다. 그것은 결코 쉽지 않다. 교육은 대부분 창조성을 강조하였지만 동일한 행동패턴으로 한계성에 머물러 왔다. 하지만 앞으로는 분명히 달라야 한다. 상대방의 다양한 의견을 존중하고 인정하면서 서로 대립하는 것 없이 서로의 차이를 인정하며 함께 전진해 나가야 한다. 이렇게 하지 않으면 독창성이 있는 인재의 창출이 어렵고 또한 독창적인 인재를 활용할 수도 없다. 서로의 독창성을 힘껏 밀어주기 위해서는 표현력을 갈고 닦아 서로 협조해야 한다. 의사소통 능력은 혼자 방에 틀어박혀 생각하고 명상한다고 길러지는 능력이 결코 아니다. 이것은 상대방과 서로 의견을 활발히 교환하고 상호 교제할 때 길러지는 능력이다. 그래서 우리가 학교에서나 회사에서 상대방을 인정하고 존중하는 문화를 만들어 갈 때 의사소통 능력은 더욱 활발히 신장될 것이다.

아홉째, 능동적 협동력(Cooperation power)을 소유해야 한다.

협동은 서로의 장점과 차이를 인정해야만 가능하다. 상대방을 무시하고 상대방의 좋은 장점을 시기(猜忌)의 대상으로 생각하는 그런 문화 속에서는 결코 협동력이 나올 수도 없고 발전할 수도 없다. 협동이 되려면 반드시 상대방의 다양한 의견을 존중하고 인정해야 한다. 존중과 인정은 타인에 대한 객관적 판단에 따른 전인적 도덕성과 종교적 양심에 의한 봉사와 겸손한 섬김이 구체적인 행동양식으로 표현되며, 또한 상대방과 나와는 다르다는 차이를 인정하고 서로 대립하는 일이 없이 함께 공존하고 전진하려는 의지가 있어야 가능하다. 향후 미래는 혼자서 해결이 가능한 문제는 점점 사라지고 있다. 능동적 상호 협동 없이는 해결이 불가능한 복잡한 문제들이 많이 발생할 것이다.

이유는 사회가 점점 더 복잡해지고 소비자의 욕구가 점점 더 다양해지기 때문이다. 협력한다는 말은 다르게 표현하면 남을 배려하는 마음이 있다는 것이다. 남을 배려하는 그런 문화 속에서 협력은 잘되고 또한 거대한 힘을 발휘한다. 성경은 "모든 것이 협력하여 선을 이룬다."라고 말한다. 사회 구성원 상호간에 긴밀히 협력할 때 최상의 결과를 기대할 수 있다. 사회는 더욱 다양한 사람들이 서로의 다양한 문화를 서로 네트워크하여 다양한 의견을 서로 주고받고 서로의 정보를 공유하고 있다. 이와 같은 활동들이 더욱 다양하게 전개되고 활발히 진행되면 사회는 점점 더 발전하고 무서운 힘을 발휘하여 새로운 창조물들이 사회를 더욱 풍요롭게 할 것이라 믿는다. 협력이 있다는 것은 상호 장벽이 허물어지고 경계선이 없어진다는 것이다.

협동력이 있는 인재를 선발하고자 하면 인재에게 다양한 운동, 즉 조정, 농구, 배구, 축구, 야구, 럭비 등 다양한 종목을 통해 검증할 수 있다. 또한 인체의 극한 상황에서 얼마만큼 동료애를 발휘하여 협동하는지 관찰을 통해 알 수 있다.

열째, Amazing Love(파격적인 사랑)을 소유해야 한다.

경영학의 권위자인 피터 드러커 박사는 향후 21세기는 아무도 경험하지 못한 일들을 경험하게 될 것이라고 예견했다. 이처럼 오늘 경영의 현실을 보면 갈수록 미래의 예측이 불가능하고 예측 자체가 의미가 없다. 단지 불확실성을 낮추는 위험관리능력이 중요한 시점이 되었다.

내 소견(所見)으로는 앞으로의 미래는 독특한 칼라(본인만 소유한 재능)를 보유한 인재들이 서로 협력하여 새로운 문화와 가치를 창조하는 시대가 될 것이라고 내다본다. 이럴 때 인재들의 관계가 서로 존중하고 상호 배려하고 또한 사랑으로의 관계 형성이 굉장히 중요하다. 회사는 같은 목적과 목표를 가지고 항해하는 한배를 탄 운명의 공동체이다. 그러므로 같은 공동체에 소속된 남녀 인재는 서로 형제요 자매라는 사실을 인식하고 접근해야 한다. 한 회사, 한 지붕 아래서 같은 밥을 먹는 한 식구라는 사실을 깨달아야 한다. 이럴 때 회사에 소속된 직원들은 같은 형제이므로 더욱 서로를 존중하고 상하 수평적 상호 협력이 증진된다. 또한 서로를 사랑하여 업무를 대할 때 남의 입장을 이해하고 접근하므로 상호 신뢰가 높아져서 업무의 효율성과 생산성도 높게 기대할 수 있다.

인재가 파격적인 사랑을 소유하고 있으면 업무의 규정과 법은 별 의미가 없다. 서로를 배려하여 업무를 하므로 상대방 입장에서 업무를 대할 때 업무의 연계성이 뛰어나 일의 효율성이 높아진다. 예를 들면 연구팀에서 연구할 때 처음부터 영업팀과 자재(資材)팀의 입장을 배려하여 연구를 하므로 나중에 상호 협력이 잘되고 영업팀의 스케줄과 자재팀의 원가절감에 좋은 영향을 미쳐서 시장에서 요구하는 스타일과 가격으로 승부할 수 있는 여력을 보유하게 될 것이다. 그러므로 사랑이 있고 사랑을 할 줄 아는 인재를 선발해야 회사는 지속적으로 발전이 가능하다.

그 반대의 경우는 무슨 일을 할 때 서로 사랑하는 마음이 없이 단지 업무적인 관계이므로 협력한다는 생각으로 접근하면 서로에 대해 배려하는 마음도 없고 무슨 일에든지 회사의 법과 규정으로 업무를 파악하려고 들고 팀별로 손해는 절대 보지 않으려는 마음으로 업무를 대하므로 항상 서로에 대한 마찰과 잡음이 끊이지 않아 결국에는 공동체의 관계성과 상호 배려와 협력의 관계가 깨어진다. 이런 공동체는 자기 밥그릇 싸움을 하다가 결국에는 시장에서 밀려나는 것이다.

나는 인재를 선발할 때 가급적이면 기독교인을 선발하라고 권하고 싶다. 이유는 기독교를 믿으면 사랑이 무엇인지를 배우게 된다. 사랑의 최고점은 섬김과 희생이다. 이를 우리에게 잘 보여준 분이 바로 예수 그리스도이다. 그분은 세상을 너무 사랑하여 자기 목숨까지도 내어 주는 사랑을 하셨다. 바로 이런 사랑이 기독교 정신이다.

마지막으로는 강인한 체력을 소유해야 한다.

사람이 위에 설명한 열 가지를 다 갖추어도 건강하지 못하면 아무것도 할 수가 없다. 모든 일을 수행하려면 무엇보다도 체력이 기본이다. 체력이 뒷받침되지 못하면 아무것도 할 수가 없다. 그러므로 회사는 채용할 인재가 규칙적으로 업무를 수행하고 일을 추진해 나갈 충분한 체력을 갖고 있는지를 검토해야 한다. 향후 기업은 인력에 대해 보다 많은 의료 지원비를 지불하게 된다. 이유는 일인당 GDP가 증가하고 국민들이 요구하는 삶의 질이 높아만 가고 있기 때문이다. 또한 인구 통계학적으로 볼 때 우리나라 인력들이 빠르게 고령화되어 가고 있다. 그러므로 기업은 가급적 신체적으로 건강한 인재를 선발하려고 노력할 것이다. 곧 체력은 인재의 모든 것이라는 말도 나올 것이다. 왜냐하면 건강한 인재는 건강한 사고를 하고 행동하기 때문이다. 위에서 인재가 보유해야 하는 조건들을 참조하여, 기업에서 선발할 인재에 대한 기업 인재상을 정립한 후 인재를 선발해야 한다. 이때 주의할 점은 선발할 인재가 충분히 지원가능토록 시간적 여유를 가지고 차분히 대응해야 한다. 가급적 상시 채용이 가능토록 기업 채용문이 항상 열려져 있어야 한다.

기업에서 인재를 선발한다고 하는 것은 회사라는 자동차에 기업이 원하는 인재 수만큼 찰 때까지 기다려야 한다. 그런데 충원 수가 다 차지도 않았는데 조바심을 내고 빨리 자동차를 출발시키면 다른 기업보다 앞설 수 있다고 주장하면서, 기업에서 원하는 수만큼 인재가 승차도 하지 않은 채 기업이라는 자동차를 운행하면 운행하는 순간부터 문제점이 쏟아지기 시작한다. 이유는 기업이 필요한 일에 해당 인재가 제대로 충원되지 않고 부족한 인원을 대충 구하여 업무에 투입하면 평상시에는 잘 나타나지 않는다. 그런데 기업 위기상황에서 업무에 맞는 인재가 투입되면 문제에 대해 반응을 정상적으로 하여 업무를 효율적으로 처리한다. 그런데 일에 맞지 않는 인재가 투입되면 해당 일에 대해 충분한 지식과 경험이 없어 우왕좌왕하다가 조치를 취해야 하는 적절한 시기를 놓쳐 많은 피해를 입기도 하고 일이 제대로 처리되지 못해 많은 고객 불만족을 발생시키기도 한다. 이처럼 일에 맞는 인재를 선발하는 것이 대단히 중요하다.

그래서 기업은 충원해야 하는 업무에 대해 사전에 충분히 검토하여 어떤 인재가 필요한지를 파악해야 한다. 나는 기업 인사조직 관리에서 제일 중요한 부분은 인재선발 부문이라고 생각한다. 이유는 좋은 인재를 선발하는 것이 기업 성공의 절반을 획득하는 것이라고 생각하기 때문이다. 인재를 잘못 선발하면 그로 인해 오는 역작용으로 인해 비용, 즉 각종 보험료, 광열비, 급여, 수당, 제품제작 비용 등이 엄청나게 상승하여 기업에 부담을 준다. 그러므로 나는 인재를 평가하는 것에 많은 비용을 들여 시스템을 만드는 것보다도 제대로 된 인재선발이 더 중요하다고 생각한다.

우리가 여행을 떠날 때 함께하는 사람들끼리 코드가 잘 맞지 않으면 여행보다도 함께하는 사람들끼리 마음을 맞추고 여행 장소 선정 등 많은 부분을 조율하는 데 엄청난 시간과 노력이 필요하다. 그런데 여행을 함께하는 사람들끼리 코드가 잘 맞으면 아무런 문제없이 즐겁게 여행을 즐길 수 있다. 이처럼 회사의 핵심가치와 목적의 코드에 맞는 인재를 선발하면 인재가 보유하고 있는 잠재능력까지도 충분히 발휘토록 할 수가 있다.

　　인재를 선발하는 것은 기업문화와 기존 인재들과의 인간관계에도 많은 영향을 준다. 그러므로 선발하고자 하는 업무에 연관되는 인재들과의 사전미팅, 기존 인재와의 인간관계 및 업무협력관계 등을 면밀히 관찰하여 인재를 선발해야 한다. 인재를 선발하고 난 후부터는 회사는 전적으로 인재를 믿고 마음껏 일을 하도록 밀어주어야 한다.

03

인재의 모든 요구를 합리적으로 만족시켜라

20세기 초에는 사람을 기계의 한 부분품으로 취급할 정도였다. 포드 자동차 창업자인 포드는 "나는 일할 손만 필요한데 사람까지도 따라온다."라는 말을 할 정도였다. 산업이 급속도로 팽창되고 일손이 부족하자 빠른 시간 내에 고도의 숙련된 노동자들을 만들기 위해 분업과 시간관리기법을 통해 숙련된 노동자들을 단시간에 대량으로 배출하기 시작했다. 이때에는 인재에 대한 개념과 중요성도 인식하지 못하고 단순히 노동자로만 생각했다.

그런데 오늘날에는 완전히 역전되어 고용주가 인재를 고용하고 싶어도 절대 부족으로 구하기조차도 어려운 시대로 접어들고 있다. 지금은 단순히 피고용인에서 사업의 동반자요, 사업의 파트너로서 인식하기 시작했다. 이제 사업은 혼자 할 수가 없다. 사업을 하기 위한 동업자, 동반자 또는 협력자가 반드시 필요한 시대가 되었다. 기업이 인재를 만족시키기 위한 조건들의 밑바탕에는 항상 기업주가 인재를 사랑하고 아낀다는 사실이 전달되도록 노력해야 한다. 단순히 형식적으로 한다면 오히려 역효과를 발생시킬 수도 있다는 사실을 기억해야 한다.

그럼 기업이 인재를 만족시키기 위한 조건들에 대해 한번 알아보자.

첫째, 기업은 인재가 사적인 일과 집안일에 신경을 쓰지 않도록 배려하라.

기업이 인재를 선발하기 위해 많은 비용과 시간을 들여 인재를 선발했는데 인재가 집안일에 신경을 쓴다는 것은 그만큼 기업에는 손해라는 사실을 인식해야 한다. 예를 들면, 집안에 자녀가 아프거나 또는 배우자가 아파서 집안일을 제대로 돌볼 수가 없을 때 회사가 집안일을 도와주는 파출부 또는 자녀를 돌보는 베이비시터를 통해 그 집안에 도움을 주면 인재는 회사를 어떻게 인식하겠는가? 한번 생각해 봐야 할 점이다. 현재 정확한 데이터는 아니지만 일본의 경우를 통해 보면 직장인들이 하루 일과의 8시간 중에 해당 업무에 집중하는 시간은 고작 3시간에 불과하다는 것이다. 이유는 개인적인 일과 전화를 받고 통화하는 시간,

회의하는 시간, 담배 피우고 화장실 가는 시간 등 아주 사소하고 생리적인 현상 때문에 많은 시간을 업무에 몰입하지 못하고 있다는 것이다.

인재의 가정에 법률적인 문제, 이혼문제, 대출 관련 일, 보증 관련 업무 등 많은 부분에서 문제점을 안고 있다면 회사는 상담하여 해결 가능토록 지원하고 도와주어야 한다. 이때 인재는 회사에 대해 감동하여 자기 목숨까지도 바쳐서 일하는 인재로 되어 가는 것이다. 그러므로 직원들의 대소사(大小事) 일들에 대해 실제적으로 도움을 주는 팀을 만들어 전적으로 직원인 인재가 업무에 최선을 다하도록 도와야 한다. 그래서 가급적 인재는 업무에 집중하고 몰입하도록 유도해야 한다. 이를 위해 회사는 직원들의 모든 부문들에 대해 항상 관심과 애정을 보여야 한다. 이럴 때 직원은 회사를 위한 사람이 되고 회사가 자기의 전부인 것처럼 행동하고 사고해 나간다는 사실을 깨달아야 한다.

둘째, 인재와 그의 아내와 자녀들에게도 건강을 유지토록 지원해야 한다.

앞으로 기업은 직원인 인재들에게 많은 의료보험비를 지급하게 될 것이다. GDP가 올라갈수록 사람들은 건강에 더 많은 신경을 쓴다. 이유는 더 좋은 세상에 더 많은 것을 보고 싶고 좀 더 인생을 여유롭게 살고 싶어 한다는 것이다. 기업에서 의료보험비가 증대되는 것을 줄이는 방법은 직원들이 건강하게 삶을 영위하도록 돕는 것이다. 그래서 회사 내부에 헬스장, 수영장 또는 각종 운동시설물을 만들어 직원들이 이용토록 하거나 아니면 기업 외부의 헬스장을 이용토록 하고 기업은 헬스비용을 지원해야 한다. 그리고 직원 가족들에게도 최소한 건강 유지비인 헬스장 또는 각종 운동을 하기 위해 소요되는 비용의 30% 정도 지원하는 제도가 필요하다고 나는 본다.

셋째, 인재의 만족도를 높이기 위해 기본적 복리후생(福利厚生)을 강화하라.

세계적인 기업 구글은 직원들에게 기본적인 복리후생은 물론 최고의 식당과 체육관, 세탁소, 마사지실, 세차, 출퇴근버스 등 엔지니어들이 원하는 모든 것을 제공한다. 이처럼 식사도 최고의 식당에서 먹는 것같이 요리를 제공하여야 인재가 건강을 유지하고 기업에 감사하는 마음도 생기고 본인이 이렇게 품격 있는 대우를 받을 만한 존재인가라고 본인 스스로에게 질문하면서 최고가 되기 위해 굉장한 노력을 쏟을 것이다. 이렇게 될 때 기업은 인재로 말미암아 한 단계 도약하는 기업으로 성장할 수 있다.

넷째, 인재에게 최고의 복리후생과 각종 서비스를 제공하라.

구글과 같이 인재를 중히 여기고 인재에게 필요한 복리후생인 세탁소, 목욕과 샤워시설, 마사지실, 자동차 세차, 출퇴근버스 제공 등 다양한 복리후생을 제공하고 그 외 다양한 서비스인 생일잔치, 부부결혼기념일, 자녀들의 진학기념 등 다양한 소재로 인재를 감동케 하는 서비스를 만들어라.

다섯째, 인재의 스트레스까지도 챙겨라.

LG전자가 국내 주요 연구소에 심리 상담실을 잇달아 설치하며 인재들의 정신건강 챙기기에 나섰다. LG전자는 지난해 4월 가산동 통합단말연구소에 심리 상담실을 개소한 데 이어 이달 초 우면동 연구개발캠퍼스에 두 번째 심리 상담실을 열었다고 6일 밝혔다. 연구 개발업무 특성상 정해진 시간에 제품 개발을 완료하기 위해 연구실에서 장시간 프로젝트에 집중하는 인재들의 스트레스 해소를 위한 것이다. 심리 상담실 이름도 인재들을 대상으로 아이디어를 공모한 결과 '마음을 푼다'는 의미와 함께 영어 'Mind Free'와도 어감이 통하는 '맘풀이'로 최종 결정됐다. 인재들은 '맘풀이'에서 전문카운슬러 도움을 받아 심리건강검사, 성격검사 등 다양한 심리검사를 비롯해 분노 조절, 스트레스 관리, 대인관계 향상 등 다양한 교육도 받을 수 있다.

스트레스 완화와 재충전을 위한 아로마테라피(향기요법),
음악 감상 등도 가능하다(자료출처: 경향신문 2008년 6월
기사 참조).

위에서 언급한 대로 인재의 스트레스까지도 챙기고 인재
에게 정신건강을 지키도록 도움을 준다. 이유는 인재가 자
신의 존재가 대단함을 느끼게 하고 자긍심을 고취해 업무
의 효율성을 높이기 위해서이다.

여섯째, 인재를 교육프로그램에 참여시켜라.

인재에게 어학, 전문지식, 각종 교육프로그램에 참여하게
하고 투자하는 것을 두려워하는 기업은 망할 것을 작정한
기업이라고 난 생각한다. 기업의 미래는 오로지 인재에게
달렸고 인재를 어떻게 성장시키고 훈련시킬 것인가에 대한
명쾌한 답변이 없는 기업은 성공하기를 기대하지 마라. 결
단코 성공하는 사례는 없을 것이다.

기업은 다른 말로 표현하면 이익을 추구하는 학습 기관
이자 인재의 평생교육을 책임지고 있는 기관이다. 왜 부모
는 자식을 공부시키려고 온 정성을 쏟아붓는가? 부모가 온
갖 어려움과 고통을 참으면서 왜 자식을 공부시키려고 하
는가? 그것은 바로 그 가정의 미래가 자녀에게 달려 있기
때문이다. 인재를 날마다 변화시키고 도전하게 만드는 것은
오로지 교육에 달려 있다.

교육프로그램에 인재를 참여시키는 주기는 최소한 1년에 두 번 정도는 되어야 한다. 나중에 교육과 학습에 대해 따로 얘기를 하겠지만 기업은 인재에게 어학공부나 개인적인 교육프로그램, 즉 대학원과정 또는 전문교육프로그램에서 공부를 할 때 최소한 학비의 50% 정도는 지원이 되고 공부에 집중하도록 시간적 배려도 중요하다고 생각한다. 이렇게 하면 기업은 아주 우수한 인재를 쉽게 얻을 수 있고 인재도 기업에 대해 좋은 감정을 가지고 근무하므로 최선을 다해 업무에 집중하여 새로운 아이디어 상품으로 기업에 보답할 것이다. 우리는 서로를 책임지고 서로에게 유익이 되는 방향으로 인사정책을 펼쳐 나가야 한다.

일곱째, 인재가 가치 있는 일에 집중하고 집중 근무 습관화를 위한 유연근무(柔軟勤務)제를 채택하라.

업무의 생산성을 높이기 위해서는 "내가 무슨 일을 해야 하는가부터 분명히 해야 한다."라는 것이다. 얻고자 하는 목적이 분명하지 않으면 일을 많이 하더라도 성과 제고에는 도움이 되지 않는다는 의미이다. 덧붙여 가치 있는 일에 집중하는 것이 중요하다. 인재가 회사의 비전과 목적에 부합되는 가치 있는 업무에 집중하도록 기업은 인재에게 다양한 편의시설을 제공해야 한다. 집중할 때 놀라운 업적과 가치를 만들 수 있다. 단순히 평범한 업무를 통해 위대한 제품은 만들어질 수 없다는 것이다. 우리가 과학시간에 실험한 것처럼 돋보기를 통해 태양빛을 집중시킬 때 우리가 생각지도 못한 결과가 생긴다는 것이다.

또한 가치 있는 일에 집중하는 것 못지않게 집중 근무의 습관화도 필요하다. 미국 금융회사 패니 매(Fannie Mae)는 이를 위해 구성원들이 자신의 업무 효율성이 가장 높은 시간을 선택해 근무하는 유연근무(柔軟勤務)제를 적용하고 있다. 이것이 되기 위해서는 기업은 인재에 대해 많은 자율과 신뢰를 보장해야 한다. 일본의 미라이공업사가 목표 설정과 성과 점검을 직원에게 일임하고 있는 것이 대표적인 예다. 그러므로 기업은 인재를 신뢰하고 많은 자율을 통해 기업은 성장을 할 수가 있다. 인재는 기업에 새로운 아이디어와 새로운 제품을 출시하여 기업이 지속적 성장을 하도록 돕고 최선을 다해 자기의 맡은 업무를 최고의 수준으로 향상시켜야 한다. 소학(小學)에 "오직 사람이 제일 귀하다."는 말이 있다. 기업에서 가장 귀한 것은 인재임을 잊어서는 안 될 것이다.

여덟째, 인재를 충분히 쉬게 하라.

요즘은 잘 쉬고 잘 노는 게 경쟁력이라는 휴테크 경영까지 기업에 도입되고 있는 분위기이다. 이때 '천국직장'이라는 별명을 가진 일본의 미라이공업사가 좋은 본보기가 될 것 같아 잠깐 언급하고자 한다. 미라이공업사 야마다 창업자는 "직원들을 충분히 쉬게 하므로 거기서 창의성이 나오기 때문"이라고 강조한다. 전기·가스설비 부품을 만드는 일본의 중소기업인 미라이공업사는 1965년 창업해 '인간중심'의 경영원칙을 실천한 중소기업으로 유명하다. 2003년 창업자인 야마다는 대표이사에서 고문으로 물러났지만 미라이공업사에서는 그가 주창한 '천국 같은 일터' 원칙이 지켜지고 있다.

야마다 고문은 골드워크(Gole Week) 때 빨간 날과 검은 날이 띄엄띄엄 있기에 모두 휴무했다면서 신문을 보니 딱 한 곳이 우리 회사보다 많은 15일을 쉬었다고 해서 기분이 나쁘더라고 말했다. 야마다 고문은 특히 중소기업의 경우 직원들의 창의성이 뒷받침되지 않으면 차별한 제품을 만들 수도, 시장의 승자도 될 수 없다고 설명했다. 그는 창업 당시부터 마쓰시타 같은 거대 기업과 경쟁하면서 제품이든 경영이든 차별화하지 않고는 생존할 수 없었다며 쉬는 것도 우리의 차별화 전략이라고 말했다. 실제로 미라이공업사의 1만 8000여 종 제품 중 90%가량이 직원들이 낸 아이디어를 바탕으로 제작된 것이라고 한다.

미라이공업사는 공식 휴일만 1년에 140일에 달해 샐러리맨의 천국으로 불린다. 개인휴가까지 합하면 1년의 절반인 180일 가까이 쉴 수 있다. 이 회사는 또 잔업이 없고 모든 남녀직원에게 3년의 출산 휴가를 준다. 정년도 70세까지 보장한다. 이 회사는 매년 꾸준히 성장하고 있다. 지난해 260억 엔(약 2480억 원)의 매출액을 기록했다. 매출액 대비 경상이익률은 15%로 일본 제조업의 평균 경상이익률(5~6%)의 두 배가 넘는다. 야마다 고문은 직원들이 많이 놀면 생산성이 떨어질 것으로 우려하는데 그 반대라며 직원들은 모두 받은 만큼 일해야 한다는 생각을 갖고 있다고 말했다. 그러면서 그는 결근이나 지각, 조퇴자가 거의 없고 근무시간 중 딴 짓을 하는 직원도 찾아볼 수 없다고 했다. 그는 또 사장이 아무리 의욕이 넘친들 무슨 소용이 있느냐며, 사장은 직원들이 일하려는 의욕을 갖도록 하는 것이 가장 중요하다고 강조했다(자료 출처: 중앙일보 제13508호).

아홉째, 인재의 사외(社外) 사회활동을 보장하고 지원하라.
인재가 기업 근무 외의 시간에 개인적인 사회활동을 잘하도록 적극 지원하고 비용도 일부 부담해 줘라. 인재가 기업 밖에서 다양한 사람들과 관계하고 친밀도를 높이고 각종 활동에 참여해 좋은 리더십과 경험을 발휘한 사례 또는 다양한 경험들을 회사 내로 끌고 와서 회사에 적용하도록 하는 분위기를 만들어라. 거기서 기업은 엄청난 혁신을 불러일으키는 각종 아이디어를 얻을 수가 있고 소비자의 의견을 빠르게 수렴하는 창구로의 역할도 가능하다. 그래서

기업은 인재의 사회활동 및 봉사활동 등 그 외 많은 활동
에 참여하도록 적극 권장할 필요가 있다.

열째, 인재의 종교활동 및 취미활동을 보장하고 지원하라.

인재가 근무 후 활동하는 종교활동을 보장하고 거기에
소요되는 비용도 지원하라. 종교활동은 인재에게 많은 힘과
위로를 준다. 인재가 업무를 수행하는 데서 오는 어려움,
외로움, 고통스러운 결단과 책임감으로 힘들고 지칠 때 누
군가에게 가서 위로도 받고 대화도 하고 싶을 그때, 인재는
절대자인 하나님께로 나아간다. 종교가 있는 인재는 종교가
없는 인재보다 훨씬 더 긍정적이고 적극적이다. 이유는 종
교활동에서 오는 즐거움, 믿음 그리고 절대자인 하나님께서
도와줄 것이라는 확신을 가지고 있기 때문에 그렇다고 필
자는 생각한다. 또한 인재가 인성발달을 위해 참여하는 취
미활동을 보장하고 지원하라. 이유는 취미활동을 통해 인재
는 사람들과 어울릴 때 상호 협력이 중요하다는 사실을 깨
닫는다. 그리고 서로의 차이점과 서로 다른 능력들을 보유
하고 있다는 사실도 인지한다. 인재는 취미활동을 통해 그
동안 잊고 있던 자신의 강점과 약점도 발견할 수가 있고
인성발달에도 좋은 영향을 준다. 그러므로 인재가 지속적으
로 취미활동을 하도록 기업은 적극적으로 장려해야 한다.
이를 통해 인재는 보다 많은 사람들과 교제도 하고 다양한

경험들도 얻는다. 이런 경험들이 나중에 새로운 아이디어나 새로운 제품을 만들어 내는 데 중요한 역할을 한다는 사실도 알아야 한다.

04

기업은 인재의 강점과 약점을 파악하여
적재적소(適材適所)에 배치하라

　기업은 인재를 선발할 때 최소한 5가지 검사를 실시하라고 나는 강조한다. 위에서 언급한 대로 인재의 조건을 충족한다고 해도 이 검사는 반드시 실시하라고 권하고 싶다. 검사를 통해 인재의 내면과 타고난 기질을 이해하는 데 많은 도움이 되기 때문이다. 내가 아는 B기업체 대표에게 이 검사를 하라고 권했는데 대표는 별로 중요하게 생각하지 않고 그냥 직원을 채용했다. 채용하고 몇 달 되지 않아 나에게 전화가 왔다. 직원으로 인해 회사는 재정적으로 큰 부담을 안게 되었고 선발된 인재가 충분히 실력을 발휘하지 못하는 것에 대한 이유를 알고 싶다고 했다. 나는 해당 직원에게 5가지 검사를 실시하고 그 결과를 해당 대표에게 통보하고 직원이 보유한 강점을 중심으로 업무를 위임하라고 권고했다. 대표는 내 권고대로 충실히 이행했고 해당 직원은 자기의 강점을 중심으로 활발하게 업무를 하기 시작했다. 그 후 인재로 인한 문제도 줄고 얼마 되지 않아 인재의 결과물들이 나오기 시작했고 그 결과물들은 기업에 좋은 이익을 안겨 주는 사업아이템들이었다. 이처럼 5가지 검사는 인재에 대한 이해의 폭과 깊이에 도움을 준다.

그럼 이 5가지 검사 종류에 대해 한번 알아보자.

첫째는 홀랜드 박사가 개발한 적성검사이다.

적성검사는 단순히 능력이나 실력만으로 결정되는 것이 아니라 자기 자신의 성격, 흥미, 적성, 직업에 대한 관심도를 고려해 결정되어야 한다. 이를 위해 홀랜드 박사가 개발한 적성검사를 추천한다. 적성검사를 통해 우리가 얻을 수 있는 자료는 크게 6가지 영역이다. 해당 영역은 실재형, 탐구형, 예술형, 사회형, 기업형, 관습형 등이다. 이런 유형은 통계적 자료를 통해 대략적으로 얻을 수 있는 자료들이다. 하지만 이 자료들마저도 없다면 우리는 인재에 대한 과학적이고 객관적인 자료들을 얻을 수 없다. 물론 완벽할 수는 없다. 그러나 이런 자료를 통해 우리는 인재에 대해 약간이나마 유익한 정보를 얻을 수 있다. 그러므로 나는 이를 잘 활용해야 한다고 생각한다.

둘째는 다면인성검사(MMPI)를 통해 성격유형을 이해하라.

심리학자 융이 개발한 심리유형론을 바탕으로 개발된 성격유형 선호지표를 통해 우리는 보다 더 객관적인 성격유형을 알 수가 있다. 이를 통해 우리는 성격에 대한 이해를 높일 수 있다. 또한 인재의 성격을 더 잘 이해하여 상호협력의 좋은 밑그림도 그릴 수 있다. 그래서 적성검사를 통해 얻은 자료를 기본으로 하여 좀 더 세분화된 성격유형을 참고하면 더 뚜렷이 적성에 대한 이해를 높일 수가 있다.

셋째는 본 인재경영연구소가 개발한 기질(성격)검사이다.

기질검사는 대개 사람들이 일상생활에서 표출되는 실제적인 행동유형과 혈액형을 참고로 하여 사람의 성격을 이해하는 방법이자 검사이다. 행동할 때 사람이 무의식적으로 나타나는 행동유형과 혈액형을 참조하여 사람의 성격 및 행동유형을 짐작해 볼 수 있는 테스트이다.

넷째는 사고 행동패턴(하버드경영대학원 개발)을 통한 적성 및 관심 분야를 이해하라.

우리는 태어날 때부터 하나님이 우리에게 부여한 고유의 성격과 행동유형을 가지고 있다고 본다. 나무도 지나온 연수에 따라 나이테를 만들어 낸다. 나이테를 보면 나무에 대한 많은 정보가 있다. 예를 들면 나무가 어떤 방향으로 햇볕을 받았는지, 나무가 서 있는 방향, 지역의 특징 등이 나이테 안에 담겨 있다. 이처럼 우리도 나이가 들면 우리가 살아오면서 경험한 것들과 우리가 습득한 지식들에 의해 우리도 모르게 자연스럽게 우리의 뇌 속에 기록되어 그것들이 우리가 행동할 때 어떤 기준과 삶의 가치관으로 작용한다. 이를 과학적으로 분석하여 우리가 소유한 다양한 특성들에 대한 이해를 높이고자 사고 행동패턴 테스트를 실시한다. 이를 통해 좀 더 다양한 분석을 해 볼 수가 있기 때문이다.

다섯째는 리더십(미시간경영대학원 개발)검사를 통해 인재의 리더십 자질을 파악하라.

지금까지 많은 사람들과 대화하고 관찰해 본 결과를 통해 보면 리더는 어느 정도는 타고난 자질을 보유하고 있는 듯하다. 확실하게 말할 수는 없지만 리더의 인자(因子)는 타고난 자질(資質)로 나는 보고 싶다. 이유는 아무리 가르치고 훈련을 해도 리더가 되지 못하는 사람도 있다는 것이다. 하지만 교육하고 지도하지 않아도 어느 정도 리더로서의 자질을 보이는 사람들도 있다는 것이다. 이것을 볼 때 나는 리더는 타고난 자질이지 않나 생각한다. 그래서 이를 구체적인 분석방법을 통해 좀 더 나은 리더의 자질이 무엇인가를 파악하고 부족한 부분은 채우고 뛰어난 부분은 더 잘하도록 지도하기 위해 필요한 검사라고 나는 인식한다.

위에서 말한 다섯 가지 검사를 통해 인재에 대해 구체적인 데이터를 통해 인재를 더 잘 이해하고 인재가 가지고 있는 자질들을 파악할 수가 있다. 상기 검사를 통하여 기업은 인재가 두 가지 분야에 대해 관심을 가지고 있고, 하고 싶은 열정이 있다는 것을 대략적으로 파악할 수 있다. 이를 통해 기업은 인재가 어느 분야에 확실한 재능이 있는지를 파악하기 위해 인재의 관심 분야 업무를 최소한 6개월에서 1년 정도 맡기고 양육하다 보면 인재가 원하는 분야가 무엇인가를 정확히 알 수가 있다.

지금까지 검사를 통해 인재가 보유한 재능과 능력에 대해 알았고 또한 인재의 강점과 약점에 대해서도 어느 정도는 파악이 되었다고 본다. 이를 근거로 인재가 하고 싶은 업무나 재능에 적합한 직무를 맡기는 것부터 시작해 보는 것이 중요하다. 인재를 적재적소에 배치하는 것이 무엇보다도 중요한 사실임을 기억해야 한다.

모든 사물이 제 위치가 있다. 그릇도 천히 쓰는 그릇이 있는가 하면 귀히 쓰는 그릇도 있다. 또한 주인의 손에 잡히기 좋고 쓰기에 편한 그릇이 있는가 하면 왠지 쓰기에 부담스럽고 불편한 그릇도 있다. 이처럼 사람도 같은 이치(理致)라고 본다. 왜 와인 잔이 그렇게도 많은가? 잔의 용도가 다 다르고 쓰임새가 다르기 때문이다. 사람도 사용되는 용도나 재능에 따라 쓰임새가 다 다르다. 이것은 하나님께서 우리에게 부여한 재능으로 인해 다양하다. 이런 다양성을 통해 우리는 세상을 더욱 아름답게 만들고 가꾸어 갈 수 있다.

기업에서도 이런 다양한 인재를 통해 기업은 새로운 제품들을 만들고 소비자들에게 새로운 소비의 문화를 만들어 나갈 수 있다는 것이다. 만약 기업이 보유한 인재들이 다양한 재능이 골고루 없다면 기업은 더 다양한 제품들을 만들어 갈 수 없으므로 결국에는 시장에서 외면당하고 퇴출되는 위기를 맞이할 것이다. 그러므로 기업은 당연히 다양한 인재를 확보하는 것이 기업의 생사가 확보되는 것과 같다. 다양성을 강조하는 기업은 대개 다양한 문화를 강조하게 되고 그것이 다양한 인재의 선발로 이어지고 이로 인해 다양한 인재가 각자의 재능을 다양한 방법으로 그들만의 컬러로 표출되어 기업은 다른 기업에 비해 더 다양한 컬러를 가지게 되고 다른 기업과 차별로 이어져 전혀 예상하지 못한 놀라운 결과들로 나타날 것이다.

이처럼 기업이 보유한 인재 그들만의 컬러가 중요하고 더 중요한 것은 그들만의 컬러가 다른 인재 컬러와 함께 어우러질 때 더 놀라운 일들이 일어나고 새로운 혁신이 만들어지는 것이다. 그래서 인재의 적재적소 배치가 무엇보다도 중요하다는 것이다. 인재가 어느 특정한 분야에서 두각을 나타내지 못한다고 걱정할 필요가 없다. 그 인재만이 맞는 업무가 존재한다는 것이다. 그래서 기업의 모든 사람들은 다 소중한 인적자원이자 중요한 기업의 자산이라는 사실을 기업의 최고경영자는 인식하고 그들을 소중한 자산으로 대우하고 기억해야 한다.

인재의 적재적소 배치에 많은 신경을 쓰는 (주)동부제철의 인사담당 상무의 말을 들어 보면 다음과 같다. "인사의 역할은 무궁무진하지만 최근에 가장 중점을 두는 부분이 적재적소입니다. 어떤 직무에 가장 적합한 사람을 배치하고, 그 사람이 열심히 일하게 만들어 주고 지원해 준다면 회사의 성과는 물론 일하는 분위기도 정말 좋아지지 않을까요? 이것을 위해 인사가 존재한다고 봅니다. 이런 선순환을 시스템적으로 구축·운영해 나가는 것이 인사의 가장 중요한 역할이고요. 물론 인사의 일반적인 업무의 중요성도 간과되어서는 안 됩니다."

이처럼 인재의 적재적소는 사람의 능력과 자리, 두 가지를 동시에 만족시켜야 하는 것이다. 그러므로 항상 인재의 능력과 자리를 어떻게 평가하여 인재에게 맞는 능력과 자리를 부여할 것인가? 이것이 대단히 중요하다. 인재에 대한 평가는 나중에 자세히 설명할 것이다. 단지 기업은 자리, 즉 직무의 역할과 기능에 대해 명확한 정의가 있어야 하고 그 직무에 맞는 사람을 선발할 때 공개적인 사내공고를 통해 해당 지원자의 지원을 받아 결정하는 것이 좋다. 모든 것은 투명하고 공개적으로 처리하는 것이 좋다.

'인사(人事)가 만사(萬事)'란 말이 있다. 인사가 잘되면 모든 일이 순조롭게 잘 이루어진다는 뜻이다. 또 인사가 그만치 중요하다는 뜻도 내포되어 있다. 반대로 이야기하면 인사가 잘못되면 모든 일을 그르친다는 말도 된다. 그러므로 인사는 항상 신중하고 객관적인 자료를 통해 검토되어야 한다.

part_ Ⅱ

인재 육성과 학습

기업은 학습하는 조직을 구성하라

기업의 경영자들은 대개 학습이라고 하면 새로운 정보, 새로운 기술, 동종업계 기업동향, 신기술 적용 방법 등을 먼저 습득해 알고 있는 인재를 통해 학교처럼 일정한 장소에서 일방적인 강의를 통해 위에서 언급한 내용들을 전달하고 가르쳐 주는 것 정도로 생각한다. 이것은 크게 잘못된 생각이다. 학습은 수시로 이루어져야 하고 기업의 모든 인재들이 자유롭게 자기의 의사를 개진하고 토론하는 일련의 활동들을 학습이라 보면 큰 무리는 없다.

학습이 이루어지기 위해서는 우선 기업의 문화가 토론을 중시하고 좀 자유롭게 자기 의사를 활발히 표출할 수 있는 개방적 문화이어야 한다. 군대처럼 위아래가 분명히 있어 아랫사람이 윗사람의 의견에 반대하고 새로운 의견을 내놓으면 마땅치 않게 여기는 이런 풍토에서는 절대로 학습이 이루어지지도 않고 제대로 성과도 거둘 수 없다. 이에 대해 좀 더 구체적이고 좋은 정보를 제공하는 'Harvard Business Review의 학습조직 진단법' 자료를 인용하여 좋은 학습조직을 만드는 방법들에 대해 알아보자.

경영자들은 기업이 학습을 해야 하는 이유에 대해 명확한 비전을 제시하고, 직원들에게 적절한 동기를 부여하며, 폭넓은 훈련을 제공하기 위해서라고만 생각할지 모른다. 하지만 이는 명백한 오류다. 기술의 비약적인 발전과 고객의 급격한 기호변화로 날로 경쟁이 심화하는 현시점에서는 위험한 발상이기까지 하다. 외적 요소들의 압박이 증가하고 있는 만큼 기업은 어느 때보다 학습량을 늘려야 한다. 모든 기업이 '학습하는 조직'으로 탈바꿈해야만 한다는 의미다. 학습하는 조직은 신개념이 아니다. 이 개념은 1990년대 피터 셍게의 『제5경영』을 비롯한 다수의 경영서적 및 워크숍, 웹사이트를 통해 주목받기 시작했다. 그 결과 각 기업 내에는 지식창조, 습득, 이동 능력을 갖춘 직원들이 포진하기 시작했고 가공할 만한 비전도 등장했다. 학습하는 직원들은 관용적 자세, 개방된 토론문화, 체계적인 사고방식 등이 기업 내에 뿌리를 내리는 데 일조했다. 학습하는 조직은 예기치 못한 상황에서 경쟁업체보다 더 기민하게 대처할 수 있다. 그러나 학습하는 조직의 이상(理想)은 아직 실현

되지 않았다. 이는 다음과 같은 세 가지 요소가 이를 방해해 왔기 때문이다.

첫째, 학습하는 조직에 관한 초기 이론들은 구체적인 처방을 제시하기보다 막연하고 추상적인 사실, 단지 더 나은 세상을 찬미하는 수준에 그치고 말았다. 즉 숲을 지나치게 강조하느라고 나무를 보지 못한 것이다. 그 결과 권장사항을 실행에 옮기기가 불가능해졌고 관리자들은 업무를 전진시키기 위해 필요한 구체적 방법을 파악하지 못했고 제시하지도 못했다.

둘째, 학습하는 조직이라는 개념은 초기에 중요한 기업 업무가 행해지는 하부 단위의 관리자보다 CEO와 고위 경영진에게만 초점을 맞췄다. 실제는 기업 중요 업무가 하부 단위에서 많이 생기고 발생하는데 이를 소홀히 여기고 도외시했다. 그래서 하부 단위의 관리자들은 팀원의 학습이 기업 전체에 미치는 영향을 평가할 수 없었다. 그러므로 제대로 기업의 학습조직을 활성화하기가 불가능했다.

셋째, 학습 결과를 평가할 수 있는 기준과 도구가 부족했다. 이것이 부족하면 기업은 세부 사항에 대한 정밀한 진단이나 타사와의 정확한 비교작업 없이 섣부르게 자사의 승리를 선언하거나 발전을 자축(自祝)할 위험에 빠진다. 평가 부족은 곧바로 실행 부족으로 이어진다. 그래서 기업은 항상 자사에 맞는 평가할 도구와 기준 마련에 최선을 다해야 한다.

지난 20년간 기업 연구에서는 기업의 학습과 적응력에 필요한 3가지 요소를 크게 ① 협조적인 학습 환경 ② 구체적인 학습과정과 실행 ③ 학습 강화하는 리더십으로 나눠왔다. 이 세 요소는 '학습하는 조직의 구성단위'라 불린다. 그럼 요소별로 한번 살펴보자.

첫째, 협조적인 학습 환경은 4가지 특성을 가지고 있다.

<u>가. 심리적인 안전이다.</u> 기업 직원들이 동료나 상부의 의견에 반대 입장을 표명하는 것이 자연스럽게 인정하는 분위기가 되어야 한다. 그리고 지극히 단순한 질문하기도 이루어져야 한다. 이를 비난하고 그것도 모르느냐는 식으로 질문자를 몰아세우는 분위기가 없어야 한다. 또한 실수를 인정하는 분위기이어야 한다. 사람은 누구나 실수를 할 수 있다. 그런데 이를 용납하지 못하는 분위기에서는 절대로 학습의 능률이 향상될 수 없다. 마지막으로 소수자 입장에서의 관점 제시 등의 행동을 할 때 무시당하거나 소외받는 문제를 두려워하지 않아야 한다. 맡은 업무에 대해 편안하게 의견을 개진할 수 있어야 학습 효과를 높일 수가 있다.

<u>나. 차이점 인정이다.</u> 학습은 반대의 입장을 인지할 때 이루어진다. 업무에 대한 전망이나 상이한 관점과 세계관이

경합을 벌일 때 이들 모두의 가치를 인정해야 한다. 그래야 직원들의 업무에 대한 열정과 사기가 충전되고 새로운 아이디어를 자극시키며, 조직의 무기력을 극복할 수 있다.

　다. 새로운 아이디어에 대한 개방적 자세다. 학습은 단지 실수를 교정하고 문제를 해결하는 것이 아니다. 참신한 접근법을 창출하는 데에도 의미가 있다. 직원들은 위험을 감수하고 검증되지 않은 사항에 눈을 돌려야 한다. 이를 통해 새로운 상품이나 서비스를 만들 수 있기 때문이다.

　라. 평가를 위한 시간이 필요하다. 많은 관리자들은 단순히 업무 시간이나 업무 성취도에 의해서만 평가받는다. 그러나 최종 기한이나 시간 압박으로 인해 지나치게 분주한 날들을 보내거나 스트레스에 시달리면 직원들은 논리적, 창의적 사고력을 잃는다. 문제를 진단하고 경험을 통해 학습하는 능력이 떨어진다는 의미다. 협조적인 학습 환경은 시간적 여유를 허용해 직원들이 기업의 나아갈 방향에 대해 심사숙고하도록 해야 한다.

　둘째, 구체적인 학습과정과 실행
　학습하는 조직은 구체적인 노력 없이는 결단코 만들어질 수 없다. 계획 수립, 광고 제작, 주문 이행, 제품 개발 등

기업 업무처리과정과는 달리 구체적인 일련의 단계와 광범위한 행위를 통해 만들어지는 것이다. 학습과정에는 정보 생산, 수집, 해석, 배포 등도 포함된다. 이 외에도 새로운 제품과 서비스를 개발하고 테스트하기 위한 실험과정, 주요 고객을 확보하고 경쟁력 있는 기술 동향에 기민하게 대처하기 위한 정보 확보, 문제 파악 및 해결을 위한 철저한 상황 판단 및 분석, 새롭게 입사한 직원 또는 인재와 기존 직원 또는 기존 인재 모두를 개발시키기 위한 교육과 훈련 과정 등도 속한다. 최상의 효과를 위해서는 체계적이고 개념 정의가 명확한 방법으로 지식을 공유해야 한다.

지식 공유는 개인, 단체, 기업별로 모두 이루어질 수 있다. 기업 내에서는 지식이 수직적 혹은 수평적으로 이동할 수 있다. 예를 들어 지식 공유 과정은 오류 교정을 중심으로 한 내부적 행위에 초점을 맞춰 진행할 수 있다. 또 어떤 프로젝트가 종료된 직후 감사나 검토를 통해 비슷한 업무를 수행하고 있는 직원들과 지식을 공유할 수 있다. 다른 방식의 지식 공유는 외부적 행위에 초점을 맞추는 것이다. 고객과 해당 전문가를 초청한 포럼을 정기적으로 개최해 기업의 업무 성과나 문제점에 대해 이들의 의견을 수렴할 수 있다. 이러한 과정을 통해 주요 정보가 이를 필요로 하는 사람에게 신속하고 효율적으로 이동할 수 있다.

지식 공유를 위한 접근법의 가장 좋은 예는 현재 많은

기업들이 모델로 하고 있는 미국 육군의 '사후 검토(AAR: After Action Review)' 과정이다. AAR에는 군사작전, 프로젝트, 기타 중요한 행위 이후에 이루어지는 체계적인 보고 과정이 모두 포함된다. 네 가지 질문, 즉 ① 어떤 일에 착수했는가? ② 실제 어떤 현상이 발생했는가? ③ 그 일은 왜 일어났는가? ④ 다음에는 무엇을 할 것인가를 통해 이 과정의 개괄적 윤곽을 파악할 수 있다. 군대 조직에서는 정보가 계급 라인을 따라 자유롭게 상하로 이동한다. 허가를 받은 웹사이트를 통해 이 과정의 개괄적 윤곽을 파악할 수 있다. 이를 통해 최종 정보는 전훈분석센터(CALL: Center for Army Lessons Learned)에 체계적으로 보관된다. 이러한 학습의 배포와 체계화는 어떤 기업에서나 필수적이다.

셋째, 학습을 강화하는 리더십

학습하는 조직은 지도자의 역할에 많은 영향을 받는다. 지도자가 적극적으로 의문을 제기하고 직원들의 말을 경청해 대화와 토론을 활성화할 때 기업 내 학습에 대한 열의는 크게 높아진다. 지도자가 문제 파악을 위한 시간 할애, 지식의 이동, 반사적 사후 감사의 중요성을 설파할 때 이러한 행위가 적극적으로 이루어질 가능성이 높다는 의미이다. 상부에서 직접 대안적 관점을 환영한다는 메시지를 보낼 때, 직원들은 대범하게 새로운 아이디어나 개념을 제시할 수 있다. 아메리칸 익스프레스의 전 최고경영자(CEO)였던 하비 골럽(Harvey Golub)은 직원들과 관리자들을 교육하는 탁월한 능력을 가진 것으로 명망이 높았다. 그는 적극적으로 논리 전개를 요구하는 한편 관리자들이 예상 외의 방법으로 창의적 사고를 하도록 채찍질했다.

어떤 직원은 골럽이 종종 "다른 각도로 사물들을 이해했다."고 평가한 바 있다. 골럽 자신은 "정답을 쥐고 있는 사람보다 올바른 방법으로 사안을 검토하는 사람에게 더 흥미가 있다."라고 말했다. "무엇을 기준으로 삼고 있는가?"·"왜 그렇게 생각하는가?"·"어떠한 다른 대안을 고려해 보았는가?"·"무엇을 전제로 삼고 있는가?"·"무엇을 기초로 하고 있는가?"와 같은 골럽의 질문들은 정해진 정답을 요구하는 것이 아니라 열린 마음으로 토론이 이루어지는 것을 유도한다.

기업 학습의 3가지 구성단위는 서로를 강화시킨다. 일부 영역에서는 중복이 나타나기도 하지만 이는 관리자들과 직원들이 구체적인 학습과정 및 실행을 원활하고 효율적으로 수행하는 데 도움을 준다.

학습을 위한 구체적 과정이 선순환하기 시작하면 지도자들은 학습을 촉진하고 직원들의 학습 행동을 배양하는 방향으로 행동할 수 있다.

기업은 인재들이 기업에서 발생하는 다양한 문제점들을

분석하고 토론하여 새로운 방식으로 접근하도록 유도하는 학습시스템을 구성하여 수시로 인재를 교육하고 도전하게 만들어야 한다. 그래서 기업은 실정에 맞는 학습시스템이 구축되어야 한다. 즉 기업 특성에 잘 맞는 시스템을 구축하는 것이 중요하다. 학습시스템 구축 시 수직적 관계, 수평적 관계 그리고 네트워크 관계가 먼저 설정되어야 한다.

첫째, 수직적 관계는 무언인가?

회사의 최고경영층과 중간경영층 그리고 하부 현장리더와의 관계를 수직적 관계라 한다. 이 수직적 관계가 상호 소통이 원활하고 상호간에 접근이 용이해야 한다. 이 수직적 학습조직은 3개의 학습조직으로 구축해야 된다. ① 최고경영자(CEO)가 이끄는 학습조직(최고경영층) ② 팀장이 이끄는 학습조직(중간경영층) ③ 현장 리더가 이끄는 학습조직(현장중심)

둘째, 수평적 관계는 무언인가?

수평적 관계는 기업 조직 내 팀(또는 부서) 대 팀(또는 부서), 동료 간에 상호 작용과 자율 경쟁관계 설정 등이다. 이 수평적 관계가 바르게 설정되고 상호 작용이 올바르게 작동될 때 조직 내 새로운 변화가 일어나고 혁신의 결과물이 생긴다.

<u>**셋째.**</u> 네트워크 관계는 무언인가?

네트워크 관계는 수직적 관계와 수평적 관계 이외 업무 중심으로 이루어진 관계를 말한다. 예를 들면 기업이 핵심 업무를 효율적으로 처리하기 위해 Task Team을 만들어 일을 처리할 때 수평적 또는 수직적 관계를 떠나서 업무 중심으로 맺어진 관계이다. 그리고 기업 내 학습 동아리 모임으로 기업 내부인과 기업 전문 외부인으로 맺어진 관계도 네트워크 관계라 말할 수 있다.

상기와 같은 학습조직이 구성되어야 기업의 각 조직층별로의 의견을 수렴할 수 있고 각 조직별로 대두되는 문제점을 쉽게 파악할 수가 있다. 이러한 학습조직을 통해 새로운 대안 또는 해결방안을 마련하는 데 최소한의 시간을 소요하여 문제점들을 해결할 수 있다.

학습시스템을 구축하는 데 있어 아래 <그림 1>과 같은 루틴을 먼저 갖추어야 한다.

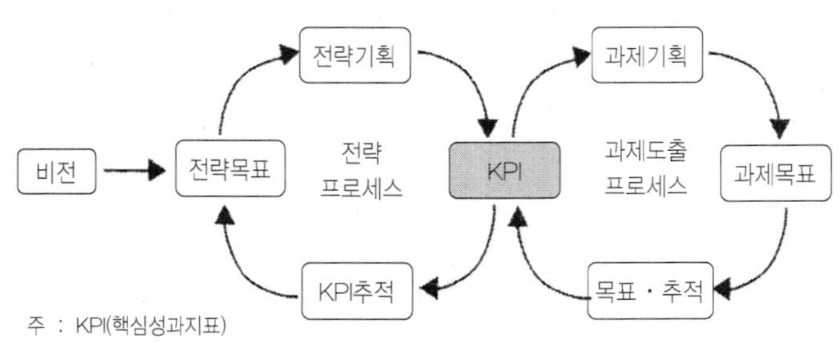

주 : KPI(핵심성과지표)

〈**그림 1**〉 비전 – 전략 – 이행과제 도출의 관계

　기업의 비전과 핵심가치가 결정되면 여기에 맞는 전략목표가 만들어진다. 또한 전략목표에 맞추어 전략을 수행하는 전략기획을 해야 한다. 전략기획에 맞는 핵심성과지표를 만든다. 그리고 핵심성과지표에 맞추어 선정과제기획을 하고 선정과제에 대한 과제목표치를 만든다. 이런 일련의 루틴과정을 갖추어야 올바른 학습시스템을 구축할 수가 있다.

　핵심성과지표를 만들려면 먼저 최고경영자(CEO)가 이끄는 학습조직을 구성해야 한다. 이 구성은 팀장급 이상인 고위간부를 중심으로 하여 구성해야 한다. 기업의 변화와 혁신은 먼저 최고 상층부인 고위간부를 중심으로 일정한 성과를 거두어야 기업 전체적으로 확산을 준비할 수가 있다. 만약 최고경영자가 이끄는 학습조직이 실패하면 기업의 변화와 혁신은 기대할 수가 없다. 그래서 최고경영자가 이끄는 학습조직은 대단히 중요하고 변화의 출발점이자 중심점이기 때문에 각별히 신경을 쓰고 반드시 성과를 만들어야 한다. 여기서 기업의 비전과 핵심가치와 목적에 맞게 기업이 나아갈 방향인 핵심성과지표를 만들어야 한다.

　핵심성과지표는 기업에서 반드시 해결되어야 하고 대단히 중요한 문제점(기업의 생사가 달린 문제)을 중심으로 구성되어야 한다. 그러므로 핵심성과지표의 구성하는 요소는 철저히 기업현장중심으로 하고 여기서 발생하고 있는 문제점이 완벽히 파악되어야 한다. 기업의 최일선에서 일어나고 있는 문제점이 제대로 파악되지 못하면 기업의 변화를 일으키는 데 실패한다.

이러한 핵심성과지표가 만들어지면 핵심성과지표 중에서 우선순위를 정하여 순차적으로 문제점을 해결하는 방안이 마련되어야 한다. 이렇게 만들어진 핵심성과지표를 중심으로 선정과제를 정해 기간별로 하나하나 해결하는데 각 선정과제 중심으로 다시 팀장중심인 학습조직과 현장리더가 이끄는 학습조직을 통해 선정과제를 중심으로 상호 협조와 함께 경쟁하는 공진화 체제를 기반으로 선정과제를 해결한다.

위에서 말한 3개(최고경영자가 이끄는 학습조직, 팀장이 이끄는 학습조직, 현장리더가 이끄는 학습조직) 학습조직이 수직적 연결과 수평적 연결이 원활하고 소통이 잘되어야 한다.

이렇게 하기 위해서는 최고경영자가 학습조직에 대한 지대한 관심과 신경을 집중하고 있다는 표시를 수시로 나타내어야 한다. 예를 들면 해당 학습조직 담당자 또는 리더에게 고생한다고 말하면서 함께 식사도 하고 스킨십을 높이는 일련의 행동을 보여야 한다. 여기에 네트워크 학습조직이 함께 공조되므로 더욱 높은 성과를 도출하는 시스템도 있어야 한다. 그래서 직원들이 자기의 관심별로 학습조직을 구성하도록 독려하고 이러한 학습조직이 활성화되도록 시간과 비용을 지원해 줌으로써 각 학습조직이 기업의 관심과 미래의 발전에 기여하는 각종 아이디어 또는 대안들을 만들어 내고 이러한 아이디어와 대안들이 실제 기업 현장에서 적용되는 사례도 늘고 여기에 맞는 보상과 인정이 있으면 기업의 문화가 서서히 바뀌어 나간다. 이러한 네트워크 학습조직이 수직적 학습조직과 수평적 학습조직에 활력을 불어넣고 좋은 성과를 도출하는 의외의 역할도 가능하다는 사실을 기억해야 한다. 위와 같은 학습조직이 구성된 후 각 학습조직의 성과에 대한 공정한 평가와 평가에 따른 결과물에 대한 인정과 보상이 철저히 이루어져야 한다. 공정한 평가 및 인정과 보상에 대해서는 나중에 자세히 설명하도록 하겠다.

02

기업은 인재 상호간에 멘토제를 도입하고 제도화하라

내가 지금까지 중소기업들을 경영지도하면서 인재들의 학습을 어떻게 할 것인지를 놓고 고민도 하고 기업 최고경영자와 여러 각도로 실험도 하고 대화를 하면서 느낀 점은 소기업(100인 미만 종업원 보유)들에는 멘토제가 가장 적합하고 빠른 결과를 얻을 수 있다는 것을 확신할 수 있었다. 그리고 나는 기업의 불확실한 미래를 대비하고 위험을 줄이는 최적의 방법은 멘토제만큼 좋은 것은 없다고 본다. 멘토제를 통해 직원 상호간에 신뢰와 협력을 높이고 기업문화를 변화시켜 전혀 예상치 못한 좋은 결과를 도출한 기업들이 의외로 많은 것을 보았다. 그럼 이 멘토제를 운영하기 위해 필요한 환경과 조건들이 무엇인지를 한번 알아보자.

먼저 멘토의 역사에 대해 한번 살펴보면 이 멘토제를 어떻게 운영하는 것이 좋은지에 대해 많은 생각을 하게 한다.

멘토링은 아주 오래된 개념으로, 그리스 신화에 등장하는 오디세우스가 아들 텔레마코스의 훈육을 맡길 정도로 신임했던 그의 친구 멘토르의 이름에서 유래한 것이다. 당시 로마시대에는 자녀를 훈육함에 있어 자기가 믿고 존경하고 신임하는 친구에게 부탁해 그분의 성품과 인격을 닮도록 자녀를 맡겨서 훈육하는 것이 보편화되었다. 이런 교육은 자기가 닮고자 하는 사람이 항상 자기 옆에 있고 지도하니 곧바로 배운 것을 자기 것으로 하기가 쉽고 분명한 목표를 향해 나아가기도 수월하다.

그런데 최근 들어 이런 멘토링에 대한 대중들의 관심이 높고 이와 관련된 많은 연구와 실험들이 행해지고 있다. 그 결과 멘토링의 개념에도 다소의 변화가 일어났고, 구체적인 적용범위와 방법에 있어서는 상당한 변화와 발전이 이루어지게 되었다. 특히 미국의 경우 최근 일기 시작한 멘토링에 대한 관심은 상당히 높고 모든 기업들이 적용하여 좋은 성과들을 내고 있다. 물론 정부와 비영리 부문에서까지도 멘토링에 대한 높은 관심을 보이고 있다.

멘토링이란 일차적으로 경험이 많은 사람이 그렇지 못한 사람에게, 즉 멘토(Mentor)가 멘티(Mentee)에게 지도, 조언, 도움, 피드백(평가) 등을 제공하는 것이라고 할 수 있다. 기업의 경우 이런 의미의 멘토링은 우선 신입사원으로 하여금 조직의 문화를 배우게 하고, 경력의 성장이나 발전을 추구할 수 있도록 돕는 역할을 하게 된다. 또한 멘토링은 여성이나 소수민족의 경우처럼, 전통적으로 직업상의 경력을 쌓는 데 있어서 한계와 장벽에 가로막혔던 이들에게 더 많은 기회를 제공해 주기도 한다. 멘토링은 멘토와 멘티 모두에게 문화적 인식을 넓혀 주고, 의미 있는 삶을 영위할 수 있는 가능성을 증진시켜 주는 등 그 이점이 많다. 한국에도 외국인 근로자와 다문화 가정이 급속히 늘어 가고 있는 실정을 감안하면 멘토링 제도는 기업뿐만 아니라 다른 곳으로까지 확대될 가능성이 높다.

이렇게 다양한 멘토링 상황과 환경에서, 멘토링의 개념과 관련된 한 가지 일관된 핵심은 바로 '한 사람이 다른 한 사람에게 제공하는 자발적인 지지'라는 점이다. 이처럼 일대일 상황을 기본으로 하고 지지와 칭찬을 바탕으로 하는 멘토링은 상황과 그 목적에 따라 여러 가지 서로 다른 형태와 양상을 띠게 된다.

구체적인 멘토링의 형식과 특징은 다음과 같은 요소들에 따라 달라지는 것이다.

■ 멘토링의 형식과 특징을 결정짓는 요소들
① 멘토링의 목적: 어떤 결과물을 얻고자 하는가?(목표 설정)
② 멘토와 멘티의 결합관계: 젊은이와 어른의 결합인가, 동료나 연배 사이의 결합인가, 학교 또는 동호회 선후배 관계인가, 멘토와 멘티 사이의 성(性), 문화적 배경은 같은가 다른가?

③ 멘토링 집중도와 시간: 멘토링 관계에 할애되는 기회와 집중도와 시간
④ 멘토링을 위한 준비 정도: 멘토링을 위한 준비, 사전 협의에 투여된
　　노력의 양과 질

이처럼 멘토링은 그 목적과 참여 주체의 다양성으로 인해 실로 다양한 형태로 다양한 그룹에서 행해지고 있다. 그런 만큼 멘토링은 거기에 참여하는 사람에 따라 서로 다른 의미를 지닐 수 있다. 실제 멘토링은 단순한 지식의 전수나 업무 능력의 향상을 위한 것, 교습이나 코칭을 목적으로 하는 것, 그리고 개인적인 책임이 아주 높은 전인적 멘토링에 이르기까지 그 형태가 실로 다양하다. 어떤 의미에서 멘토링은 참여하는 사람의 다양성만큼이나 다양한 형태로 이루어지는 프로그램이라고도 할 수 있겠다.

그럼 멘토링을 하기 위해서는 멘토와 멘티를 연결해 주고 멘토와 멘티 사이에 문제점이 있으면 이를 협의해 주고 조정해 주는 조정자가 있어야 한다. 중소업체에서는 조정자는 대개 직책이 부장급 이상으로 하면 좋다. 이유는 멘토와 멘티를 연결해 주는 데 있어 멘토나 멘티를 개인적, 업무적으로도 잘 알고 있어 어떤 멘티에 어떤 멘토가 필요한지를 알아서 배정하고 또한 바로 조정할 수 있고 문제가 발생해도 멘토와 멘티를 잘 알고 있어 해결이 쉽다. 또한 조정자는 회사 업무에 대해 많은 경험도 있고 경륜(經綸)도 있어

멘토와 멘티 사이에 문제점을 쉽게 조정하는 권한과 책임이 있는 직책의 소유자가 되어야 한다.

다음은 멘토의 주요 역할에 대해 한번 알아보고 그 다음 중소업체에서는 멘토를 어떻게 선발하는 것이 좋은 방법인지 함께 고민해 보자. 그리고 좋은 멘토나 멘티의 활동결과에 대해 인정과 보상은 나중에 언급할 인정과 보상 부문에서 알아보도록 하자.

■ 멘토의 주요 역할은 다음과 같다.

① 멘티의 역할 모델이 되어야 한다. 멘티가 바라는 수준의 기술, 행동, 태도, 인격 등을 멘토가 실제로 보여주고 이끌어 주는 역할이다.

② 멘티의 개인적인 성장, 행복, 직업적인 성장에 진실하고 솔직한 관심을 표한다.

③ 기획, 제안, 문제점 해결 능력, 가능성, 자원 활용 능력, 의사소통 능력, 현재 또는 미래의 이슈와 트렌드에 대해 멘티와 토론해 볼 기회를 제공하고 학습의욕 고취(高趣)

④ 잘하는 것에 대해 격려하고 실패에 대해서는 위로하는 과정을 통해 솔직하고 예리한 피드백을 제공한다.

⑤ 멘티가 장기적인 직업적 목표와 개인적인 자아실현 목표를 확인하고 성취할 수 있도록 비전과 동기를 부여해 주고 지지한다.

⑥ 멘토는 둥지에 새끼 새를 양육하는 역할을 한다. 멘티와 개인적인 친목도 도모하고 개인적인 일 또는 사소한 문제라도 자상하게 들어주고 함께 고민하고 해결하는 노력 등을 한다.

다음은 멘토를 어떻게 선발할 것인가? 대개 중소기업 중심으로 살펴보면 **첫째,** 기업 내에서 직무경험이 최소한 3년 이상이 된 자, **둘째,** 기업의 비전과 목적을 잘 알고 이것을 현행 업무에 적용한 사례가 있고 적용한 결과가 기업 미래에 좋은 아이디어를 제공한 자, **셋째,** 위에서 언급한 멘토의 역할을 잘 이해하고 이를 한번 적용해 보고자 하는 열정이 있는 자, **넷째,** 기업 내에서 상사, 동료, 부하 직원으로부터 인정과 존경을 받고 사람을 가르치고 품을 수 있는 인격을 소유한 자.

위에서 말한 네 가지 조건을 갖춘 인재를 선발하고 나서 선발된 인재들과 멘토링을 위한 조정자들을 기업 외부, 멘토링 전문교육기관에 교육을 의뢰해 멘토링에 대해 충분한 교육과 사전 이해가 있어야 한다. 멘토링을 처음 기업 내에서 적용할 때는 가급적 전문 멘토링 강사를 초빙해 조정자로서의 역할도 수행하도록 하고 멘토링이 제대로 정착되는 동안에 발생하는 각종 문제점들에 대해 조정, 협의 및 지도를 받도록 할 것을 나는 권하고 싶다. 멘토링 적용 초기에 많은 기업들이 멘토링 과정에서 일어나는 각종 문제점들을 제대로 대처하지 못해 멘토링이 올바르게 정착되지 않고 실패하는 경우가 많다. 나는 이런 많은 사례들을 중소기업 현장에서 흔하게 보아 왔다.

멘토링이 제대로 기업에 정착되면 많은 효과들을 만든다.

<u>첫째.</u> 기업문화를 수평적이고 토론 중심인 문화로 바꾸어 인재들이 자유롭게 의견을 말하고 사고의 유연성을 높일 수 있다.

<u>둘째.</u> 기업의 비전과 목적에 맞는 각종 아이디어들을 많이 만들어 낸다. 즉 창발성과 상상력을 통해 기업 내부에 새로운 힘과 열정을 공급하게 된다.

<u>셋째.</u> 기업 내 직원 상호간에 높은 신뢰와 협력을 통해 인재들이 보유한 각종 정보를 공유하여 새로운 가치와 비즈니스 모델들을 만들어 나갈 수가 있다.

<u>넷째.</u> 기업 내부에서는 수시로 공부하고 연구하는 분위기를 만들어 내부에서 일어나는 각종 문제점 및 유익한 정보들이 빠르게 전파되고 공유될 수가 있다.

<u>다섯째.</u> 기업이 위기에 놓였을 때 직원들이 상호 협력을 통해 신속하게 위기에서 벗어나려는 위기관리 능력이 배양된다.

03

기업은 직원들이 최대한 능력을 발휘하도록
칭찬과 용기를 불어넣어라

장자의 첫머리에 있는 곤(鯤)과 붕(鵬)의 언급은 변화와 초월, 즉 인간이 지닌 무한한 가능성에 대한 선언으로부터 시작함을 볼 수 있다. 기업인을 필두로 한 현대인에게 끊임없이 요구되는 변화라는 것도 내외 환경에 대한 반응을 의미한다. 변화는 기본 성격과 영향 범위를 기준으로 기존 틀과 전략 안에서 내부요소의 일부를 변화시키는 점진적 변화와 조직 전체의 근본적인 변화를 꾀하는 급진적·전략적 변화가 있고 환경의 반응에 따라 사전적·예측적 변화와 사후적·반응적 변화가 있다. 예를 들면, 회사의 주인이 바뀌고 직장을 옮기는 경우라면 급진적 변화일 테고 내부적인 전략 변화나 부서 이동이라면 점진적 변화라 하겠다.

　　요즈음의 우리가 처한 환경은 곤과 붕처럼 변해야 살아남을 수 있는 환경으로 변화하고 있다. 기업 역시 예외는 아니다. 이러한 변화의 원인은 무엇보다도 일반 대중이 합리적이고 냉정한 소비자가 되었기 때문이다. 변덕이 죽 끓듯 하는 소비자는 사실 까다로운 소비자가 아니고 합리적인 소비자다. 인터넷의 발전으로 모든 정보가 공개되고 공유되므로 소비자는 더욱더 지혜롭게 소비를 하고 있다. 최근 우리나라의 기업도 이러한 변화의 필요성을 절감하고 있다. 진화가 아니면 도태라는 사실을 알기 때문이다. 소비자의 소비패턴을 분석하고 소비자의 이성보다 감성에 호소하는 제품, 서비스, 마케팅을 제시하고 국내가 아니라 세계 소비자들에게 어필하기 위해 끊임없이 전략적인 변화를 시도한다. 이 같은 변화의 내용과 방향성을 결정하는 중요한 요소는 조직체를 이루고 있는 구성원들에 의해서 결정된다. 그러므로 기업의 최고경영자는 조직체를 구성하는 구성원들을 소중히 여기고 귀하다는 사실을 인식해야 한다. 그래서 소학(小學)에 "오직 사람이 제일 귀하다."라는 말이 있다. 기업에서 가장 귀한 것은 직원임을 잊어서는 안 될 것이다.

　　기업의 최고경영자는 고객을 감동시키기 이전에 직원을 먼저 감동시키는 것이 중요함을 알아야 한다. 이유는 고객을 감동시킬 제품과 서비스를 만드는 것은 결국 직원이기 때문이다. 그래서 최고경영자가 직접 직원들에게 관심과 대화 그리고 스킨십을 통해 직원들을 격려하고 용기를 불어넣어야 한다. 이를 통해 직원들은 자신이 보유한 능력들을 최대한 발휘하기 위해 노력한다. 이를 잘 실천하는 기업들의 사례를 통해 직원들이 어떤 변화를 가져오는지를 한번 살펴보자.

남선알미늄은 지난 1947년 창립해 올해 61주년을 맞는 알루미늄 전문기업이다. 초창기 냄비, 프라이팬 등 주방용품이 주력 제품이었으나 1960년대 이후 창호 전문기업으로 성장했다. 지난 97년 외환위기 당시에는 무리한 설비 확장으로 인해 산업은행 주관으로 워크아웃을 겪었다. 남선알미늄은 10년간의 긴 워크아웃을 끝낸 지 다섯 달이 지났을 때 임선진 사장이 취임했다. 그 당시 회사 분위기는 무사안일에 활기도 없고 마치 죽은 조직 같았다. 그래서 임 사장이 취임 후 가장 중점을 두었던 부분은 바로 '직원들의 마인드를 바꾸는 일'이었다. 매주 화요일마다 맥주 대화시간을 가지고 직원들과 진솔한 이야기를 나누기 시작했다. 그래서 직원과 사장과의 격의 없는 대화와 스킨십을 통해 서로의 신뢰를 회복하려고 노력했다. 이후에 개선제안제도, 학습제도 등 제도적으로 학습과 교육 부문에 적극성을 이끌어 내려고 노력했다. 지금은 직원들끼리 자발적으로 학습 워크숍도 하고 활기가 넘치는 분위기로 변화했다. 이런 분위기 같은 무형의 자산이야말로 남선알미늄이 성장하는 토대라고 임 사장은 고백한다(자료출처: 중앙일보 2008년 6월 23일).

조영주 KTF 사장이 명함을 건넨 뒤 상대방으로부터 꼭 듣는 질문이 있다. 명함 속 자신의 이름 앞에 CSO라고 박아 놓았기 때문이다. 보통 CSO라고 하면 최고전략책임자(Chief Strategy Officer)라고 알고 있지만 조 사장이 규정하는 CSO는 다르다. 조 사장은 평소 최고경영자(CEO) 대신 최고고객섬김책임자(CSO: Chief Servant Officer)를 자처하며 직원과 고객만족 경영을 강조하고 있다. 특히 직원들을 1차 고객으로 보고 온-오프라인을 통해 직원들과 잦은 접촉 기회를 갖기 위해 힘을 쏟고 있다. 조 사장은 매월 하루를 정해 3시간 동안 점심을 먹으면서 본사 및 수도권 본부 직원 중 그 달에 생일을 맞은 직원 12명을 초청, 직접 생일 파티를 주관하며 축하해 준다. 참석자들과의 허심탄회한 대화를 통해 직원들의 취미와 특기, 결혼 여부, 가족현황, 회사에 바라는 의견 등을 자세히 파악한다. 조 사장은 또 한 달에 한 번꼴로 주요 경영현황 등에 대한 자신의 견해와 당부의 글을 전 직원들에게 이메일로 발송한다. 정보를 공유하는 데에서 회사 구성원의 일체감이 생길 수 있다고 생각하기 때문이다. 조영주 KTF 사장은 해마다 직원 휴대전화로 쇼의 팬이자 홍보맨이 돼 달라는 내용의 깜짝 영상메시지를 보내 전 직원들을 감동시켰다. 조 사장의 이러한 감성 경영 덕분에 다소 파격적인 쇼 브랜드를 도입할 수 있었고 성공적으로 론칭할 수 있었던 것 같다(자료출처: 문화일보 2008년 6월 16일자 기사).

필자는 최근에 목회자에게서 들은 이야기를 사례로 소개하고자 한다. 모 회사에 입사한 지 얼마 안 되는 한 직원을 그의 부인이 찾아왔다. 마침 그 직원은 고객과 대화를 나누고 있었고, 부인이 한쪽 구석에서 불편한 얼굴로 남편을 기다리는 동안 회사의 사장이 다가와 자신을 소개하고선 이렇게 말했다. "남편께서 나를 위해 일하게 되어 얼마나 기쁜지 모릅니다. 남편은 사려 깊고 이해심이 많아 우리 회사에 큰 도움이 되고 있습니다." 그러자 부인의 얼굴에는 당황하는 빛이 역력했습니다. 부인이 돌아간 뒤 그 직원은 사장에게 자신의 이야기를 털어놓았습니다. 부부였던 그들은 여섯 달 전에 헤어진 상태였다. 부인과 함께 살게 된 아들에게 돈이 필요할 때에만 두 사람은 만나고 있었던 것이다. 몇 주일이 지난 뒤 회사를 다녀간 부인으로부터 남편을 찾는 전화가 회사로 왔고, 헤어졌던 두 사람은 다시 만나기 시작했다. 얼마 지나지 않아 두 사람은 재결합을 하게 되었고, 다시 가정을 꾸리기로 했다. 자세한 사정을 전혀 알지 못했던 사장은 단지 남편을 찾아온 부인에게 남편의 훌륭한 점 몇 가지를 칭찬했을 뿐이다. 그러나 부인은 사장으로부터 남편을 칭찬하는 뜻밖의 말을 듣고는 남편에 대해서 다시 생각하게 되었고, 바로 그것이 두 사람이 재결합하게 된 결정적인 이유가 되었다. 한마디 말 속에 우리가 생각하지 못하는 힘이 담겨 있다. 멀쩡하던 사람을 단번에 쓰러뜨리기도 하고, 낙심하여 쓰러진 사람을 용기로 일으켜 세우기도 한다.

민간기업 최고경영자들이 직원들과의 소통을 위해 다각적인 노력을 기울이고 있다. 감성 리더십으로 직원들과 오프라인 스킨십을 강화하는가 하면, 휴대전화·이메일·인터넷망을 통한 온라인 소통량도 점점 늘어나는 추세다. 또한 경영진과 현장직원들이 일정한 날을 잡아 회사 정책방향이나 사원복지 등에 격의 없는 토론을 나눈 후 실제 경영에 반영하는 등 의사소통 피드백의 질도 높아지고 있다. 많은 기업들이 위와 같이 하는 이유가 무엇인가? 직원들이 갖고 있는 역량들을 최대한으로 발휘하도록 직원들의 감성을 자극하고 최고경영자가 직원들에게 깜짝 이메일을 통해 최고경영자의 기업 운영정책의 키워드를 알려준다. 그리고 최고경영자는 직원들에게 그의 사랑을 메일이나 문자를 통해 표현하여 직원들을 격려하고 용기를 불어넣어 그들로 하여금 새로운 아이디어와 혁신에 도전하게 하고 그들의 열정을 업무에 쏟아붓도록 만든다. 누구든지 사람은 사랑을 먹고 산다. 누군가가 자기를 인정하고 격려할 때 모든 사람은 서서히 변화하고 놀라운 일을 이루어 나간다.

04

기업은 인재들이 역량을 발휘하는 데 조급하지 마라

인재를 키운다는 것은 나무를 심어서 키우는 것과 같다. 인재가 성과를 내기 위해서는 많은 시간과 노력이 투입되어야 한다. 그런데 많은 중소기업인들은 이런 사실을 모르는 듯 행동할 때가 참으로 많다. 물론 회사의 입장에서는 빠르게 성과가 나와 매출이 쑥쑥 성장하기를 바란다. 하지만 모든 일은 순서가 있다. 일을 서둘러서 처리한 결과 오히려 일이 엉망으로 되는 것이 얼마나 많은가?

예를 들면, 부유하고 거만한 한 사업가가 있었다. 그는 아프리카 사파리에 참가하기로 되어 있었으나 예정보다 사흘이나 늦게 도착했다. 그는 현지인 몇 명을 고용해서 즉시 출발하면서 그들을 심하게 재촉했다. "빨리빨리 움직여. 먼저 간 사람들을 따라잡아야 한단 말이야." 그 때문에 현지인들은 스트레스와 과로에 시달리게 됐지만, 사업가는 아랑 곳하지 않고 소리만 질러 댔다. 다음 날 아침, 사업가는 조바심이 나서 이리저리 뛰어다녔다. 그는 "모두 일어나!"라고 외치며 사람들을 불러 모았다. "서두르란 말이야, 좀 서두르라고. 왜 그렇게 다들 굼떠!" 그는 현지인 인솔자에게 화를 버럭 내며 이렇게 소리를 질러 댔다. 날이 저물 무렵, 결국 모든 짐꾼이 지쳐 쓰러지고 말았다. 다음 날 아침, 또 사업가는 모든 사람을 못살게 굴며 당장 일어나라고 외쳤다. 그는 그날도 종일 일꾼들을 달달 볶았다. 그날 밤, 현지인 일꾼들은 또다시 나가떨어지고 말았다. 넷째 날이 되자 어느 누구도 꿈쩍하지 않았다. 그러자 안달이 난 사업가는 호각을 불어 대기 시작했다. "이봐, 인솔자. 내가 당신에게 일당을 후하게 주고 있다는 거 알지? 그러니까 일꾼들을 다그쳐서 움직이게 하라고." 그러자 인솔자는 사업가를 뚫어지게 보더니 이렇게 대답했다. "오늘 일꾼들은 하루 종일 움직이지 않을 겁니다. 지난 사흘 동안 당신은 우리를 아주 혹독하게 부려 먹었어요. 그러니 우리도 힘을 내고 제정신을 차리려면 오늘 하루는 푹 쉬어야겠습니다!"

'빨리빨리'를 외치며 몰아붙이는 기업인들은, 설령 그 의도가 아무리 선하고 좋다고 해도 인재들에게 몹시 피곤해하는 이 짐꾼들 같은 느낌을 가지게 하는 경우가 종종 있다.

나는 TV다큐멘터리 '동물의 왕국'을 가끔씩 본다. 그 동물의 왕국을 보면 동물의 삶에서 많은 것을 배우게 된다. 초원의 사자도 굶어 죽을 수 있음을 알 수 있다. 사자는 보통 사흘에 한번 사냥을 하지만 평균 사냥 성공률은 30%에 불과하다고 한다. 수많은 초식동물이 초원을 메우고 있어도 사냥은 쉽지 않다. 그래서 사자는 한번 사냥에 나설 때 온 가족을 동원한다. 사냥감이 확정되면 몰이나 매복 등 가족 모두에게 각각 역할을 정해 주고 전력을 다해 사냥하게 한다. 실패가 계속되면 굶주려야 하고 굶주림이 지속되면 죽음을 초래하기 때문에 사자 가족은 언제나 최선을 다할 수밖에 없다.

호시우보(虎視牛步)라는 말이 있다. 무슨 일을 할 때 눈빛은 호랑이가 먹이를 노리는 것처럼 날카롭게 하되 마음은 조급하게 하지 말고 소처럼 우직하게 한 걸음씩 목표를 향해 나아간다는 말이다.

사자나 호랑이도 먹이를 사냥할 때 좋은 기회가 올 때까지 기다리며 엿보다가 결정적인 순간이 오면 곧바로 행동에 들어가는 실리적인 판단을 한다. 빨리 성과를 내려다 일을 그르치는 경우가 우리 주변에 얼마나 많은가. 얼마 전 쇠고기협상에 있어 우리나라가 문제해결을 너무 급하게 하려다가 얼마나 많은 국민들의 저항을 받고 지탄을 받았는가? 모든 일에는 순서가 있듯이 우리는 기다리며 기회를 엿보는 여유가 필요하다.

우리가 나무를 키우면 나무의 상태가 좋은지 본다. 그래서 지금 나무가 물이 필요한지 아니면 공기를 통하게 하는 것이 좋은지, 여러 가지 상황을 살피면서 키운다. 이처럼 기업에서 인재를 키우는 것도 나무를 키우는 것과 같다. 인재의 상태가 어떤지, 인재가 무엇을 원하고 있고 인재가 부족한 부분을 어떻게 채우고 성장시킬 것인지에 대한 많은 고민과 연구를 통해 좋은 인재를 얻을 수가 있다. 인재는 우연히 나오지 않는다. 기업에서는 인재를 키우기 위해 사전에 철저한 계획이 있어야 하고 여기에 맞는 예산을 세워 적절한 시기에 인재에게 투입하여 인재가 제 기능을 발휘할 때까지 인내하고 기다려야 좋은 결과를 볼 수 있다. 한 분야의 인재를 키우는 데 최소한 10년의 세월이 필요하다. 그러므로 기업은 항상 좋은 인재를 확보하기 위해 철저히 계획하고 노력해야 한다.

좋은 인재가 기업에 들어와 좋은 성과를 내기 위해서는 기업문화에 빠르게 몰입해야 하고 또한 인재가 맡은 분야의 업무도 파악하고 제대로 이해할 때까지는 상당한 시간이 필요하다. 그래서 최고경영자는 항상 인재를 배려하고 인재가 가지고 있는 재능을 충분히 발휘하도록 충분한 시간과 여유를 주어야 한다. 그때까지는 인내하고 기다려야 좋은 결과를 얻을 수가 있다.

최근 웰빙 식품 중에 숙성제품들이 인기가 많다. 이유는 숙성제품은 인체에 좋은 많은 유산균들이 있기 때문에 그렇다. 그럼 숙성식품을 만들기 위해서는 최소한 식품에서 유산균이 만들어지고 활동이 가능한 시간을 주어야 된다. 좋은 와인과 치즈는 결국 좋은 환경과 좋은 원재료를 사용하여 오랫동안 잘 숙성되도록 놓아둔 시간에 비례하여 평가를 받는다. 이처럼 인재도 충분한 실력을 발휘하는 데 상당한 시간이 필요하다는 것이다. 그러므로 너무 조급하게 성과를 구하기보다는 여유를 가지고 인내할 필요가 있다.

05

기업은 능력을 발휘한 인재에게
철저히 보상하고 인정하라

기업을 운영함에 있어 항상 부딪히는 문제는 인재의 평가문제이다. 평가는 대단히 중요하고 인재의 능력 발휘에 많은 영향을 주는 요소이다. 대개 많은 인재들은 평가에 대해 신뢰도가 낮다. 이유는 많은 기업체 나름대로의 평가기준을 가지고 있지만 평가기준표들이 대체로 모호하고 쉽게 납득되지 않는 요소들이 많다. 또한 이 기준을 가지고 평가하는 팀장급 이상의 간부들도 제대로 이해하지 못하고 평가를 하는 경우도 많다. 그리고 평가를 하는 간부들도 자기 감정에 의해 처리하는 경우도 허다하다.

잡코리아가 직장인 400여 명을 대상으로 인사고과제도에 대한 견해를 설문한 결과 50%가 형식적인 제도로 생각하고 있는 것으로 나타났다. 특히 직장인 42%가 이른바 자기

라인 사람 챙기기를 인사제도의 가장 큰 문제점으로 꼽았다. 물론 완벽한 평가는 없지만 그래도 대다수 직원들이 납득하고 공정하다는 평가가 나오도록 실행을 해야 한다. 이런 평가가 나오기 위해서는 회사 안에 인사평가 시스템을 구축해야 한다. 나는 여기서 언급한 인사평가 시스템 안에는 첫째, 인사평가를 실시하는 관점과 둘째, 인사평가를 하는 평가기준표를 중심으로 설명하고자 한다.

첫째, 인사평가를 실시하는 관점(View Point)

인사평가하는 방법들은 여러 가지가 있다. 여기서 나는 다면평가를 중심으로 설명하고자 한다. 다면평가는 ① 상사평가 ② 상향평가 ③ 연관평가 ④ 동료평가로 구성되어 있다. 나는 여기에 한 가지를 더 보충하고 싶다. 바로 자기평가이다. 좀 더 자세히 알아보자.

① 상사평가: 상사가 부하직원을 평가하는 것이며, 한마디로 상사라는 기준을 가지고 부하직원들을 평가하는 것을 말한다.

② 상향평가: 부하직원이 상사를 평가하는 것이며, 부하직원의 기준에서 상사를 평가하는 것이다.

③ 연관평가: 업무적으로 연관이 있는 팀 또는 부서끼리의 평가를 말한다.

④ 동료평가: 말 그대로 동료끼리의 평가를 말한다. 예를 들면 기술개발 1팀이 기술개발 2팀을 평가하는 것이라 보면 된다.

⑤ 자기평가: 본인 스스로 자신에 대해 평가하는 것이다. 예를 들면, 본인이 한 해 자기 개발을 위해 무엇을 할 것인가를 스스로 계획하고 평가하는 것이다.

둘째, 인사평가를 위한 평가기준표 작성

인재에 대한 인사평가를 위한 평가기준표를 작성하려면 먼저 기업의 비전과 목적에 대해 명확한 이해를 하고 난 후 기업의 인재역량(Competency) 리스트를 작성해야 한다. 예를 들면, 한 건설회사가 기업의 비전 핵심 Key Word를 '창의성', '기술혁신'으로 선정했다고 하자. 이제 인재역량 리스트를 한번 작성해 보자.

기업의 핵심역량은 조직역량과 개인역량으로 구분되고 개인역량은 다시 조직 구성원의 공통역량, 리더십역량, 직무역량으로 나누어진다. 도식화<그림 2>를 통해 요약하면 아래와 같다.

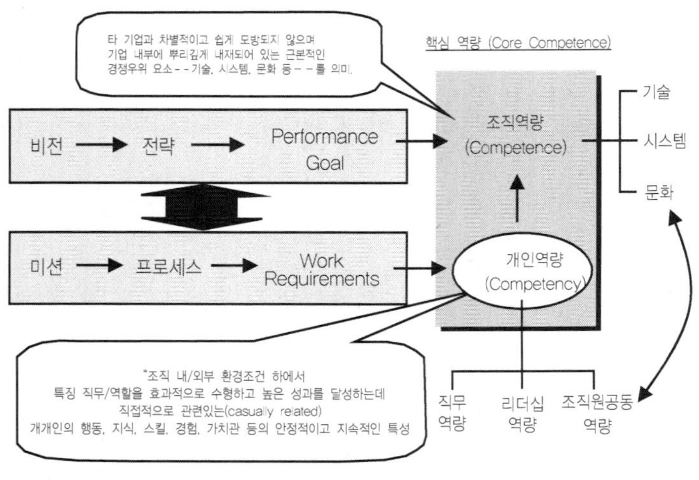

〈그림 2〉

　조직역량군을 설정하려면 조직의 비전과 목적에 맞추어 설정해야 한다. 먼저 조직의 현 상황을 파악하여 문제점이 무엇이고 이런 문제점을 개선하여 향후 조직이 나아갈 방향이 결정되면 여기에 맞추어서 역량군을 정의해 나간다.

　위에서 예를 든 기업의 비전 핵심단어는 '기술혁신', '창의성'이다. 그럼 여기에 맞는 조직역량군을 설정하려면 비전인 '기술혁신'과 '창의성'을 이루기 위해 지금 조직에서 필요한 핵심전략과제가 무엇인지가 도출된다. 이를 근거로 하여 핵심전략과제를 이루기 위한 세부실천 사항들을 만들어 나가면서 여기에 필요한 역량군을 정의한다. 그 다음 조직역량군에 맞추어 개인역량군, 즉 공통역량군, 리더십역량군, 직무역량을 만들어 나가면 된다. 각 역량군의 상위역량군과 하위역량군을 정의하고 각 하위역량군에 맞는 최하위역량군을 정의하고 해당 정의에 맞는 행동지표를 만들어 그 지표에 평가 측정치를 부여하여 조직의 역량평가 모델링을 만든다. 조직 역량평가 모델링을 통해 조직 구성원들의 공정한 인사평가를 하여 조직 구성원들에게 인사평가의 공정성 확보 및 자기 관리에 신경을 쓰도록 유도할 수 있다. 이를 도식화하여 설명하면 <그림 3>과 같다. 그리고 역량군을 만드는 데 참조할 역량군 리스트를 부록으로 표시하여 책 뒷부분에 첨부하니 참고하기 바란다.

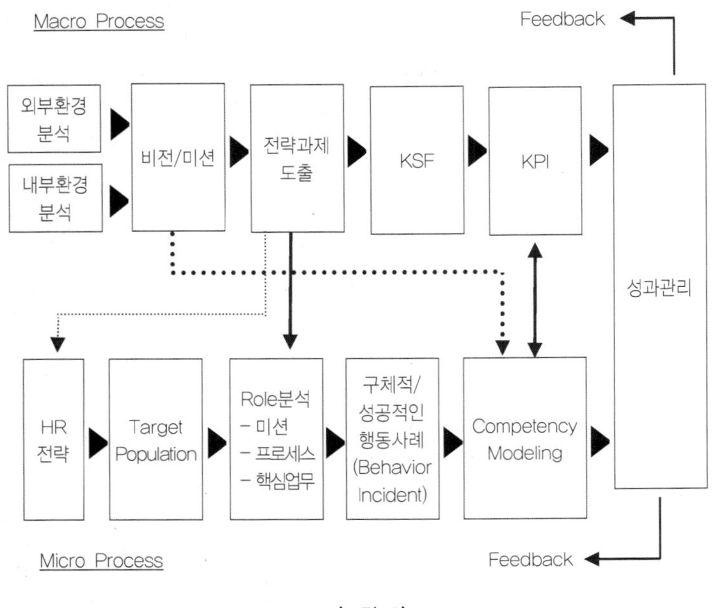

〈그림 3〉

　　다음은 인정과 보상에 대해 설명하고자 한다. 인정과 보상은 조직 구성원들에게 사기를 충전시키고 구성원으로서 가치를 발견토록 만든다. 그래서 철저한 인정과 보상이 이루어져야 조직이 활성화되고 높은 생산성을 기대할 수가 있다. 아무리 사람이 비전과 열정으로 가득 차서 업무를 추진하지만 일정한 시간이 지나면 지치기 마련이다. 이를 극복하는 길은 철저한 인정과 보상이다. 이를 통해 사람은 다시금 충전되어 새롭게 도전하도록 만든다. 그러므로 공정하고 철저한 인정과 보상이 대단히 중요하다.

조선왕조 역사를 보면 왕을 추대하고 여기에 기여한 신하들에게 기여한 정도에 따라 직위와 보상을 한다. 때때로 어떤 신하는 자기가 왕을 추대하고 기여한 정도에도 훨씬 못 미치는 보상으로 인해 불만을 노골적으로 표시하고 반역을 꾀하는 신하들도 얼마나 많은가? 많은 고서(古書)를 통해 우리는 사람을 관리하는 유일한 길은 바로 인정과 보상이다. 즉 이익이 생기는 곳에 사람이 모여들고 그 이익을 통해 사람을 적당히 통제할 수도 있다는 사실을 고서를 통해 우리는 배울 수가 있다.

세계적인 기업들이 어떻게 조직 구성원들에게 인정과 보상을 하는지 살펴보고 이를 참고하여 한번 적용해 보기를 바란다.

가. **미 해병대, 매리어트 인터내셔널 호텔, 3M**은 인정과 보상의 접근 핵심단어를 '사명', '가치', '자긍심'에 두고 있다. 직원들이 자랑스럽게 여기는 풍부한 역사와 직원의 입장에서 본 숭고한 목적 그리고 가치지향 리더십을 가지도록 인정과 보상을 한다. 직원들이 보다 커다란 그림을 창조하고 가장 중요한 것이 무엇인지를 명확히 하도록 유도하고 구성원들에게 그들의 진정한 가치를 보여줘서 구성원들이 자긍심을 갖도록 유도한다.

나. **홈데포, 맥킨지컨설팅, 퍼스트USA**는 인정과 보상의 접근 핵심단어를 '개인적인 성취'에 두고 있다. 구성원들이

매우 높은 야망을 가지고 업무를 하도록 유도하고 기업 성
과에 가장 중요한 개인의 성장과 성취를 중요시하도록 배
려한다. 그래서 성과에 대한 투명성을 높이고 폭넓은 기회
를 창조하도록 자극한다.

다. **KFC, 사우스웨스트항공,** BMC는 인정과 보상의 핵
심단어를 '인정과 축하'에 두고 있다. 구성원들의 평균적인
성과를 중요시 여기고 구성원 집단 에너지 발생에 초점을
맞춘다. 그래서 중요한 의미를 지니는 인정과 보상을 제공
한다. 가급적 금전적 보상보다는 사람의 마음을 감동시키는
축하와 보상에 더 큰 의미를 부여한다.

위에서 살펴본 것과 같이 기업이 어떻게 인정과 보상을
하는 것이 좋은가는 먼저 기업의 비전과 목적을 이루는 데
도움이 되는 전략 또는 기업 현실에 맞게 선택하는 것이
좋을 것 같다.

인정과 보상의 형태는 대개 기본 급여, 연말실적의 대가
로 지급되는 단기 보너스 및 장기 인센티브로 구성된다. 현
행 우리나라 많은 기업들은 기본 급여 비중이 50%, 연말
실적에 대가로 지급하는 단기 보너스 비중이 30%이고 장
기 인센티브 비중이 20% 정도로 구성되어 있다. 물론 지역
상황과 실정에 맞게 지급하는 보수체계를 구성해야 한다.
그러나 외국의 예를 들어 보면 미국 평균적인 보수 구성을
보면 급여 비중이 15%, 보너스 비중이 28%, 장기 인센티

브 비중이 57%로 구성되어 있다. 유럽의 경우는 급여 비중이 26%, 보너스 비중이 35%, 장기 인센티브 비중이 39%로 구성되어 있다. 한국 기업들은 대개 직무에 따른 보수체계가 아니고 직책에 맞는 보수체계를 가지고 있다.

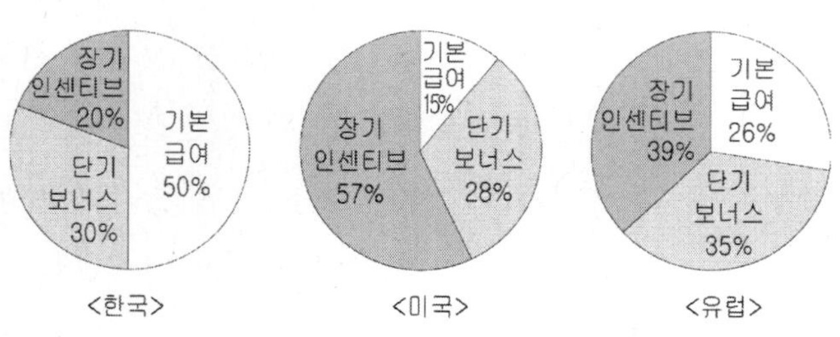

그러므로 기본급은 과거의 직급 위주에서 직무, 즉 업무 위주로 개편되어야 한다. 같은 직급이라도 전문성이 요구되고 많은 지식과 경험이 필요한 업무라면 보수를 높게 책정해야 한다. 또한 요즘처럼 금융위기로 인해 자금 구하기가 어려울 때 자금을 차입해 오기 위해 동분서주하는 자금 담당자를 우대하는 것도 필요하다. 단기 보너스는 각 사업 부문의 실적에 연동되도록 함으로써 실적이 좋으면 단기보너스를 지급하고 불황기에는 일정 수준의 수익이 없으면 보너스를 지급하지 않는 장치를 마련해야 한다. 그동안 단기 성과급의 경우는 일정한 수준의 이익을 발생시키지 못해도 일종의 기본급처럼 여겨 지급하는 경우가 많다.

이를 개선하기 위해 단기 보너스는 일정한 수익이 발생하지 못하면 지급하지 않는 제도가 필요하다고 나는 본다. 장기 인센티브는 회사의 장기 비전과 발전에 좋은 영향력을 발휘하여 회사의 주가 가치가 상승한 경우 또는 회사의 전체 수익 개선이 진전된 경우를 측정 가능하고 경쟁업체와 비교 가능한 수치로 인정될 때 지급하는 것으로 제도화할 필요가 있다. 예를 들면, 주당순이익이 연간 4% 증가하면 스톡옵션을 50% 정도 행사할 수 있고 연간 100% 이상 증가하면 스톡옵션을 100% 사용한다. 또는 경쟁업체의 수익과 비교해 30% 정도 이상 실적을 올리면 얼마를 지급하고 100% 이상 실적을 올리면 얼마를 지급한다는 제도 또는 장치가 필요하다.

가급적 기본급은 낮추고 기업의 각 사업 부문별로 연간 목표를 이루면 단기 성과급을 조금 높게 책정해 지급하여 직원들을 사기를 높이는 방향에 초점을 맞추고 장기 성과급은 회사의 장기발전(3년 또는 5년 정도)과 비전에 맞는 목표치를 정해 그 목표치를 달성하거나 목표치에 근접하는 일련의 행위가 발생하면 지급하도록 하고 가급적 장기 성과급을 높이는 방향으로 운영하는 것이 회사에 큰 도움이 된다. 이유는 장기 성과급을 받도록 노력하는 일련의 행위는 기업에 있어 혁신에 가까운 새로운 방법이자 기술 개발이기 때문이다. 성과를 내면 과거보다 더 많은 인정과 보상을 하고, 그렇지 못하면 과거보다 적은 보상을 받도록 보수 체계를 수정하여야 한다. 좋은 보상을 받기 위해서는 전사(全社)목표를 달성해야 하며, 본인이 관장하는 부문의 성과와 개인성과까지 두루 잘해야 한다.

변화는 반드시 고통을 수반한다. 경기가 안 좋다고 직원들의 급여를 일괄 삭감하면 우수 인재들이 이탈하거나 사기가 저하되고 생산성도 떨어진다. 이는 경쟁기업에 커다란 기회를 제공하는 행위이다. 어려운 시기에도 목표를 초과 달성한 사람에게 더 많은 '당근'을 부여하는 보상체계를 구축하면 위기를 도약의 발판으로 삼을 수 있다. 요즘 같은 불황기일수록 보상제도를 어떻게 구성하느냐에 따라 장차 회사의 운명이 달라질 수도 있다는 사실을 최고경영자는 인식해야 한다.

part_ Ⅲ

기업의 칼라를 나타내는 기업문화 조성

기업은 인재들이 자아실현(自我實現)하는
장(場)으로 만들어라

　기업의 성장은 오직 인재에게 달렸다. 그래서 기업은 인
재들이 자기가 가지고 있는 재능을 마음껏 발휘하도록 하
는 기업문화를 조성하는 것이 굉장히 중요하다. 기업은 인
재를 사랑해야 한다. 그 대표적인 기업으로 나는 사우스웨
스트항공사를 꼽을 수 있다. 사우스웨스트항공은 1973년
설립 이후 30년이 넘는 오랜 세월 동안 거의 매년 많은 이
익을 올린 미국 항공사다. 항공사 간 인수합병이 활발한 미
국에서는 유일한 케이스다. 이는 치열한 경쟁으로 부침(浮
沈)이 심한 항공산업에서 매우 이례적인 일이다. 일하기 좋
은 기업 연속 선정, 46분기 연속 흑자, 30년 평균 주가 수
익률 1위, 세계에서 존경받는 기업 2위……, 찬사는 셀 수

없다. 성공의 비결은? 공동 창업자이자 1978~2001년의 최고경영자였던 허브 켈러허 전 회장의 탁월한 리더십 때문이라는 데 업계 안팎에서 이론(異論)이 없다.

새는 좌우 양 날개로 날아간다. 리더십도 마찬가지다. 미래 통찰력을 바탕으로 한 냉철한 전략과 더불어 따뜻한 마음으로 직원을 움직이는 감성이 바로 리더의 양 날개다. 허브 켈러허는 항공산업의 오랜 '게임의 법칙'을 철저히 파괴하고 새 규칙을 만들었다. 기존 항공사들이 중시했던 대륙 간 장거리 운항, 시장점유율 대신 국내 단거리 노선, 논스톱 운항, 낮은 요금, 높은 수익성 등에 초점을 맞추었다. 기종도 구매할 때 가격협상에서의 우위, 생산성 제고, 높은 효율성과 안정적인 정비 품질 등을 고려해 보잉 737 하나로 통일시켰다. 불필요한 서비스는 제거하고 단거리 고객이 요구하는 높은 안전성·정시 발착·낮은 요금에 주목했다. 그의 경쟁자는 지상의 자동차, 버스였다. 운항 초기 사우스웨스트항공은 댈러스~샌안토니오 구간 요금을 15달러로 책정했다. 당시 다른 항공사 요금은 69달러로 사우스웨스트의 거의 5배였다. 고객들은 자동차여행 수준의 저렴한 요금으로 항공기를 이용할 수 있다는 매력에 끌려 속속 사우스웨스트항공으로 몰려들었다. 오늘날 사람들에게 회자되는 블루오션 전략을 이미 30년 전에 적용한 것이다.

켈러허 회장은 '미국에서 가장 웃기는 경영자'로 불릴 정도로 '유머경영' 혹은 '편경영'을 중시했다. 그는 "유머는 조직의 화합을 위한 촉진제"라며 "일은 즐거워야 한다."라고 주장했다. 점잖은 오찬석상에 엘비스 프레슬리 복장으로 나타나기, 청바지 입고 이사회 참석하기, 토끼 분장을 하고 출근길 직원 놀라게 하기 등 편경영 사례는 무수히 많다. 경영자의 근엄한 권위는 켈러허에게서 찾아볼 수 없었다. 켈러허 회장은 편경영으로 얻으려 한 것은 사람들의 마음이었다. 그는 내면에서부터 기쁘고 즐거운 마음으로 일할 수 있는 기업만이 초일류기업으로 성장할 수 있다고 확신했다. 1996년, 창립 25주년 기념식에서 허브 켈러허 회장은 "사업전략을 구상할 때 고객, 직원, 주주들 가운데 단연코 직원을 최우선으로 생각한다."라고 말했다. 그는 "기업들이 종교적 믿음처럼 선봉하고 있는 '고객은 항상 옳다.'라는 말은 완전히 틀렸다."면서 "기내에서 폭음을 하고, 이유 없이 직원을 괴롭히는 불량 고객은 과감하게 해고하라."라고 주장했다. 켈러허 회장은 일요일 새벽 3시에 회사 청소원 휴게실에 들어가 도넛을 나눠주고, 작업복을 입고 그들과 함께 비행기를 청소하기도 했다. 리더가 구성원에게 헌신적으로 봉사할 때 리더의 비전은 구성원들의 희망이 된다. 그 영향력은 놀라우리만치 크다. 직원들은 자신이 리더로부터 인간적 대우와 사랑을 받게 될 때 외부 고객들에게 똑같은 사랑을 베풀게 된다.

1994년 어느 날 USA투데이에는 다음과 같은 전면광고가 실렸다. "우리는 허브 씨에게 우리의 이름을 모두 기억해 주시고, 들어 주시고, 이윤이 남는 항공사로 키워 주시고, 휴일 파티에 노래를 불러 주시고, 보스가 아니라 친구가 되어 주신 것에 대해 경영자의 날을 맞아 진심으로 감사드립니다." 이 광고는 허브 켈러허 리더십에 감동한 1만 6000여 명의 직원들이 스스로 비용을 각출해 실은 것이다. "자기 자신을 이끌려면 당신의 머리를 사용하고 다른 사람들을 이끌려면 당신의 가슴을 사용하라."라는 리더십 격언을 제대로 실천한 리더 허브 켈러허에 대한 직원들의 사랑의 표시였다(2006년 6월 15일 조선일보 기사 참조).

또한 기업 내부 부서 간 의사소통이 제대로 되지 못하면 직원들이 자기만의 재능을 제대로 발휘하지 못한다. 그러므로 기업은 부서 간 의사소통이 굉장히 중요하다는 사실도 인식해야 한다. 의사소통의 중요성에 대한 좋은 예로 2005년 잇따른 사업부진으로 위기를 맞은 소니(SONY)사를 들수 있다. 위기의 소니(SONY)사에 구원투수로 등장한 추바치 료지 사장은 소니의 복잡한 조직구조가 원활한 사내 커뮤니케이션을 저해하고 있다는 진단을 내리고, "지금 가장 중요한 것은 기술·생산·디자인·마케팅 부서의 수술이 아니라 내부 부서 간 커뮤니케이션의 효율성을 높이는 것"이라고 판단했다. 부문별 독립채산제의 폐해로 인해 내부 커뮤니케이션 통로가 막혀 버린 소니가 처한 상황을 직시한 올바른 진단이었다. 조직 내에 커뮤니케이션 장벽이 생기면 정보의 흐름이 단절되고, 신념과 목표가 공유되지 않으며, 자칫 상사와 부하직원, 동료 간, 부서 간 갈등이 심화돼 결국 기업 경쟁력 약화로 이어질 수 있기 때문이다.

조직의 커뮤니케이션 단절은 단기적인 성과 저하만을 가져오는 것이 아니다. 기업은 목표지향형 조직이지만, 한편으로는 사람들이 모여서 일생의 많은 시간을 함께 보내는 커뮤니티이기도 하기 때문이다. 커뮤니티(Community)는 바로 커뮤니케이션(Communication)하는 공동체다. 공동체 구성원은 그 안에서 성취감뿐 아니라 소속감, 안정감, 신뢰감, 상호 동질성 같은 다양한 가치를 추구하는 것이다. GE의 잭 웰치 전 회장이 "GE는 커뮤니케이션이 단절되고, 벽이 생기는 대기업이 아니라 서로 자유롭게 이야기하고, 재미있게 일하는 구멍가게 방식의 회사가 되었으면 좋겠다."고 말한 것은 그가 기업을 커뮤니티로 여기고 있다는 점을 보여주는 좋은 예라 할 수 있다.

이처럼 기업은 직원들이 자유롭게 이야기하고 격의 없는 토론문화, 모든 것을 말할 수 있는 기업 분위기, 즉 기업문화를 만들려고 노력해야 한다. 이러한 기업문화를 통해 직원들은 자기가 가지고 있는 끼를 발산하고 그 끼를 통해 자기가 생각하고 있는 다양한 문화를 만들고 새로운 제품들을 디자인하면서 자기만의 꿈을 실현하고 만족하는 장소로 회사를 인식한다. 그래서 회사를 통해 자기만의 꿈과 끼를 만들고 이를 통해 자기 삶을 이끌고 만족하는 자아실현의 장소로 탈바꿈하게 된다. 기업은 직원들이 마음껏 자기의 생각이나 꿈을 실험하고 테스트하는 장소로 인식하게끔 만들어야 한다. 이를 위해 기업은 직원들의 다양한 동아리 또는 스터디 모임들을 만들어 활동하고 실험하는 각종 행사에 아낌없이 투자하고 후원을 해야 한다. 이럴 때 아무도 생각하지 못한 기발한 아이디어가 만들어지고 전혀 보지도 못한 신제품들이 쏟아진다는 사실을 잘 알아야 한다.

위에서 언급한 기업문화를 조성하는데 반드시 뛰어난 리더가 있어야 된다는 사실도 인식해야 한다. 그래서 리더는 그냥 만들어지는 것이 아니라 기업 최고경영자의 끊임없는 노력, 관심, 사랑과 열정으로 만들어진다. 좋은 리더는 다른 사람의 지혜와 능력을 잘 빌리는 사람이다.

02

기업은 직원이 근무 후 활동하는 사회단체, 종교단체, 동호회 및 개인이 하고 싶은 일에 몰입하도록 최대한 지원하라

기업의 직원들은 사외(社外)에서 각종 사회활동에 참여하여 그 활동을 통해 각종 다양한 경험, 지식과 지혜를 배우고 익힌다. 활동을 통해 배운 다양한 지혜와 지식들이 회사 내에 적용되도록 한다면 과연 회사 내에는 어떤 일들이 벌어질까? 여러분은 한번 상상해 보았는가? 아마도 엄청난 에너지들이 여기저기서 일어날 것이다. 또한 각종 활동을 통해 많은 사람들을 만나고 그들과 좋은 관계를 맺어 나간다. 그런 인맥들이 나중에 기업들에는 엄청난 마케팅의 기회로 다가올 것이고, 기업의 이미지 및 브랜드 제고에도 많은 도움이 될 것이다.

필자의 경우를 들면, 필자는 작년 3월부터 10월까지 경남 김해시 구산동에 소재한 구산사회복지관에서 가난한 청소년들에게 하나님께서 그들에게 부여한 적성발굴과 비전을 갖는 방법들에 대해 그들과 함께 고민하고 공부했다. 그 중에서 중학교에 다니는 K 양의 경우를 보면, 그녀에게 내가 개발한 적성발굴검사를 통해 알아본 결과 그녀는 색상감각과 그림의 이야기 구상에 대해 남들보다 탁월한 감각을 소유한 학생으로 인식되었다. 그래서 나는 중학생 대상 전국사생(寫生)대회에 참여할 것을 권유했다. 하지만 그 학생은 한 번도 그림을 그려 보지도 못했고 미술학원에서 배운 경험이 없어 할 수 없다고 했다. 하지만 나는 그 학생이 잘하리라는 확신을 가졌다. 이유는 하나님이 부여한 재능은 제대로 갈고 닦지 못한다고 해서 그 재능이 사라지는 것은 아니다. 다만 감추어져 있기 때문에 발견을 하지 못할 뿐이다. 나는 그 학생에게 내 생각을 말하고 한번 도전해 보자고 권유했다. 그러자 그 학생도 한번 해 보기로 하고 사생대회 2주일을 남겨 놓고 최선을 다해 그림을 그리고 구상을 했다.

그 결과 사생대회 당일에 좋은 상상력과 스토리를 담은 그림을 그려 그녀는 난생처음 장려상을 받았다. 그로 인해 그 학생은 자신감을 얻었고 나도 할 수 있다는 확신을 가지게 되었다. 그로 인해 구산사회복지관에 나오는 어려운 학생들에게 좋은 본보기가 되고 학생들에게 도전정신을 보여주었다. 그리고 그 학생 부모님도 기뻐하고 삶에 희망을 가지는 모습을 보게 되었다. 이 일을 통해 내가 배운 것은 하나님이 부여한 적성을 찾아 그 적성에 모든 노력을 집중하면 누구나 좋은 결과를 볼 수 있다는 사실을 배웠다. 또한 어려운 환경에 처해 있고 문제학생이라도 그 학생의 적성을 제대로 알고 그 적성에 모든 노력을 집중하면 그런 학생들도 좋은 인재라는 사실을 깨닫게 되었다. 그 일로 인해 필자는 사람을 바라보는 시각이 완전히 변했다는 사실을 말하고 싶다. 세상에 문제아이는 없다는 사실이다. 다만 제대로 교육받지 못하고 적성을 발견하지 못해 발생하는 것이다. 이처럼 필자가 만약 구산사회복지관에서 이런 활동을 하지 못했다면 위에서 말한 사실들을 얻을 수 없었을 것이다. 그리고 그곳 학생들과 부모님도 만나지 못했을 것이다.

앞으로 사회는 점점 더 많은 사람들이 봉사활동에 참여할 것이다. 이런 봉사활동의 참여를 통해 사람들은 자신들이 살아 있다는 사실들을 인식하게 될 것이고 봉사활동을 통해 더 많은 경험과 자아성취를 맛볼 것이다. 이런 시점에서 기업은 사회에서 일어나는 각종 봉사활동에 직원들이 참여토록 격려하고 지원해야 한다. 활동에 참여해 얻는 다양한 경험들로 인해 기업은 엄청난 에너지를 공급받을 것이다.

각종 사회활동은 엄청나게 많다. 예를 들면, 자동차 연구회, 산악자전거 동호회, 패러글라이딩 동호회, 산악 동호회, 자전거 동호회, 독서 동호회, 다양한 기술 개발 동호회, 각종 봉사단체를 통해 행해지는 봉사활동, 교회, 성당, 사찰 등을 통해 일어나는 봉사활동 등 이루 말할 수 없을 정도로 많다. 이런 봉사단체에 기업 직원들이 참여해 봉사하고 회원끼리 친목을 다지면서 좋은 인간관계를 형성해 나간다. 그리고 봉사활동을 통해 직원들은 새로운 지식과 지혜를 배우고 그것을 다시 회사 내로 가지고 와서 직원들이 관장하는 업무에 적용하게 될 것이다. 이로 인해 회사는 지금까지 경험하지 못한 새로운 아이디어를 얻고 새로운 제품 개발에 좋은 힌트를 얻게 될 것이다.

예를 들면, 건축회사 직원이 시각장애인들의 나들이를 돕는 봉사를 통해 시각장애인들이 겪는 고통이 무엇이고 시각장애인들이 가장 원하는 것은 무엇인가를 배우게 될 것이다. 이런 봉사활동을 통해 직원은 시각장애인들의 아픔을 알고 그 아픔을 함께 나누고 도와주려고 하면서 다양한 경험들을 얻게 될 것이다. 얻은 경험들은 다음에 그 회사가 건물을 디자인하고 건축할 때 좀 더 장애인들에게 편한 건축물을 만들게 될 것이다.

향후 기업들은 더 많은 광고비를 부담할 것이다. 그런데 많은 광고비를 투자하고도 기업들은 투자 금액에 비해 턱없이 부족한 결과들에 만족할 수밖에 없다. 불특정 다수들에게 광고를 하지만 과연 얼마나 많은 사람들이 광고를 기억하고 구매로 연결되는가를 생각해야 한다. 이런 광고비에 기업들은 앞으로도 계속 투자해야 하는가에 고민하게 될 것이다. 필자는 광고비에 투자되는 많은 금액 중 일부를 직원들이 참여하고 있는 각종 봉사단체와 연구 모임들에 투자한다면 어떻게 될 것인가 참으로 궁금하다. 직원들이 참여하는 봉사단체나 연구모임들에 기업이 후원하면 직원을 통해 기업 홍보가 자연스럽게 이루어지고 그 홍보를 통해 봉사활동과 연구모임에 참여한 회원들은 해당 기업을 기억하고 있다가 나중에 해당 기업이 만드는 제품이 필요하면 기업을 기억한 회원은 아마도 제품을 구매할 것이다.

나는 앞으로 많은 기업들이 투자하는 광고비의 일부를 해당 기업 직원들이 참여하고 있는 각종 사회봉사단체 또는 연구모임에 후원한다면 다양한 활동들이 이루어져 지역사회를 아름답게 만들고 사람들이 서로 어울려지는 살기 좋은 곳으로 만들 수 있다고 생각한다. 여러분의 생각은 어떤가?

03

기업은 매달, 주 4일만 근무하게 하고 하루는
직원들이 업무를 떠나 창조적 사고를 위해
사용토록 허락하라

입에서 단내가 나도록 뛰고 혁신에 많은 기업들이 관심도 있고 절박하지만 왜 실패한 기업들이 즐비한가? 성공의 체험을 벤치마킹하려는 기업들이 왜 참담한 실패를 맛보는가? 지금은 혁신 기술로 무장한 작은 기업들이 거대 기업을 무너뜨리는 역전의 시대다. 골리앗을 무너뜨린 다윗의 전투는 신기술 글로벌 경제에서는 일상의 일이 되고 있다. 시장의 한 귀퉁이를 차지하는 것에 불과했던 신기술의 소기업이 전통의 거대 기업을 차례로 무너뜨리고 있는 것이다. 바로 혁신, 즉 창조적 사고를 통해 소기업들이 거대 기업의 높은 장벽을 넘고 있다.

최근 삼성전기 부산사업장은 '몰입방'이라는 시설을 만들었다. 몰입방은 기존 방식과 다른 차원의 신제품을 개발하려는 직원들을 위해 제공하는 곳으로 최장 1개월까지 이 방에서 나오지 않아도 된다. 관련 업계에 따르면 전자·전기·정보기술(IT) 등 첨단영역을 둘러싸고 사투를 벌이는 기업들마다 한 방에 상대를 제압할 수 있는 '킬(Kill)아이디어'를 확보하려고 직원들에게 최적의 창조여건을 제공하는 정성을 쏟고 있다. 삼성전기가 제공하는 몰입방은 마치 유아방처럼 꾸며져 있으며 직원들의 창조적 아이디어가 나올 수 있는 각종 편의시설도 갖춰 놓고 있다. 이 회사의 한 관계자는 '(몰입방에서) 특허출원 및 신제품 양산 등 기술 관련 전반에서 성과와 직결된 결과물이 나올 수 있을 것으로 기대한다.'고 설명했다. LG전자 개발팀은 아이디어회의 직전 참여자들에게서 모든 디지털기기를 제거한다. 휴대폰·MP3 플레이어 심지어 시계까지 풀어놓는 것. 개발팀의 한 관계자는 '마치 무(無)의 상태로 돌아가기 위한 것'이라며 백지상태에서 새로운 아이디어를 뽑아내려는 노력이라고 설명했다(서울경제 2008년 6월 23일 기사 참조).

"직원들을 충분히 쉬게 하는 것은 그래야만 창의성이 나오기 때문입니다." 전기·가스 설비 부품을 만드는 일본의 중소기업인 미라이공업사 야마다아키오 고문의 말이다. 아키오 고문은 1965년 미라이공업사를 창업해 '인간중심'의 경영원칙을 실천한 중소기업가로 유명하다. 2003년 대표이사에서 고문으로 물러났지만 미라이공업사에서는 그가 주창한 '천국 같은 일터' 원칙이 지켜지고 있다. 앞에서 언급된 사례를 다시 예를 들면, 야마다 고문은 "골든위크 때 빨간 날과 검은 날이 띄엄띄엄 있기에 모두 휴무했다."라고 말한다. 특히 중소기업의 경우 직원들의 창의성이 뒷받침되지 않으면 차별화한 제품을 만들 수도, 시장의 승자도 될 수 없다고 설명했다. 그는 "창업 당시부터 마쓰시타 같은 거대기업과 경쟁하면서 제품이든 경영이든 차별화하지 않고는 생존할 수 없었다."라며 쉬는 것도 우리의 차별화 전략이라고 말했다. 미라이공업사는 공식 휴일만 1년에 140일에 달해 '샐러리맨의 천국'으로 불린다. 개인휴가까지 합하면 1년의 절반인 180일 가까이 쉴 수 있다. 이 회사는 또 잔업이 없고 모든 남녀직원에게 3년의 출산 휴가를 준다. 정년도 70세까지 보장한다. 야마다 고문은 "직원들이 많이 놀면 생산성이 떨어질 것으로 우려하는데 그 반대"라며 "직원들은 모두 받은 만큼 일해야 한다는 생각을 갖고 있다."라고 말했다. 그러면서 그는 "결근이나 지각·조퇴자가 거의 없고 근무시간 중 딴 짓을 하는 직원도 찾아볼 수 없다."라고 했다. 지난해 260억 엔의 매출액을 기록했다. 매출액 대비 경상이익률은 15%로 일본 제조업의 평균 경상이익률(5~6%)의 두 배가 넘는다(중앙일보 제13508호 기사 참조).

위에서 언급한 두 가지 사례를 통해 알 수 있듯이 창조적 사고를 하기 위해서는 기존에 수행한 업무 장소들에서 떠나 완전히 새로운 환경에서 업무에 몰입하도록 '몰입방'을 만들거나 사무실과 전혀 다른 환경을 만들어 주기도 한다. 또는 직원들에게 충분한 휴식을 통해 재충전되는 계기를 만들어 줌으로써 직원들에게서 신선한 아이디어를 창출시키고 있다.

새로운 창조는 사물을 바라보는 관점, 즉 보는 방법과 사고의 변화를 통해서 만들어진다고 나는 본다. 보는 방법과 사고의 변화는 다양한 지식, 체험 및 사람과의 만남을 통해서 얻어지는 부산물(副産物)이다. 다양한 지식과 체험은 책과 업무를 수행하면서 얻는 많은 경험들을 통해 만들어진다. 다양한 경험은 여러 가지 업무를 수행해 보고, 많은 것을 보기도 하고 듣기도 하여 실제 행동을 통해 얻어지는 결과물이다. 이런 결과물을 얻기 위해서는 본인이 관할하는 업무를 떠나 다른 업무를 해 보기도 하고 새로운 사람들을 만나 다양한 이야기를 들으면서 새로운 아이디어나 좋은 힌트를 얻어야 한다. 여행을 통해 지금껏 보지도 못한 자연의 아름다움을 통해 영감을 얻을 수도 있고 가 보지 않은 곳에서 새로운 경험을 하기도 하고 때로는 새로운 물품들을 만나 멋진 아이디어를 얻기도 한다.

필자는 인사조직에 관한 책을 집필하는 동안 중소기업을

운영하는 최고경영자들에게 좋은 아이디어를 제공하고자 노력했다. 그런데 책을 집필하는 동안 좋은 아이디어가 떠오르지 않아 고민도 많이 했다. 그럴 때마다 집필을 멈추고 음악회에 가서 연주를 듣기도 하고 다른 사람들과 만나 얘기도 하고 산책을 하면서 피로도 풀고 쉼을 얻었다. 그런 다음 다시 집필을 시작하면 새로운 생각들이 떠올라 집필을 잘 마무리할 수가 있었다.

이처럼 우리가 새로운 생각이나 창조적 사고를 위해서는 최소한 한 달에 한 번 정도는 완전히 업무를 떠나 직원들이 원하는 것, 즉 무엇이든지 할 수 있도록 배려하는 것이 필요하다고 나는 생각한다. 좋은 휴식은 우리에게 좋은 생각을 가지도록 만든다. 지금껏 경험하지 못한 것을 마음껏 경험하도록 하루를 직원들에게 선물하라. 그러면 직원들은 엄청난 에너지와 좋은 아이디어로 기업에 보상하리라 나는 믿는다.

04

기업은 직원들의 각종 개인일로 업무의 집중도를 높이지 못하는 문제에 적극 개입하라

기업의 성공 여부는 기업 내부의 직원들에게 달렸다. 직원들이 내 기업이라는 인식을 가지고 최고경영자의 마음으로 업무를 수행한다면 그 기업은 엄청나게 빠른 속도로 성장하여 갈 것이다. 기업운영의 핵심은 직원들을 사랑하는 마음으로 출발해야 한다. 최고경영자가 마치 내 가족 또는 내 형제자매라는 인식을 가지고 그들을 대할 때 직원들은 회사에 대한 고마움과 자기가 가지고 있는 재능을 최대한 발휘하여 기업의 가치를 높이는 데 전력을 다할 것이다.

나는 최고경영자들에게 다음과 같은 아이디어를 제공하고 싶다.

<u>첫째.</u> 전담 변호사 선임제도

직원들이 사회생활을 영위하면 자연히 법률적인 문제에 많이 부딪힌다. 예를 들면, 집안의 상속문제, 집안 선친 묘소이장문제, 보증문제, 이혼문제, 채권채무관계 등 많은 문제들이 도출된다. 직원들이 위와 같은 문제에 고민하고 어려움을 겪으면 자연히 업무집중도가 떨어진다. 이런 법률적인 문제를 지원하기 위한 전담 변호사와 연계된 프로그램 준비가 필요하다.

<u>둘째.</u> 가정케어 시스템

부부간 갈등이나 자녀 양육문제 등으로 고민하는 직원에게 도움이 되는 프로그램이 필요하다. 특히 부부간 갈등은 본인뿐만 아니라 주변 사람들에게도 많은 영향을 준다. 그러므로 부부간 갈등의 원인이 무엇인가를 파악하고 여기에 맞는 적절한 도움을 줄 가정사역 상담자와 연계된 프로그램이 필요하다. 또한 자녀 양육문제는 다양하게 표출된다. 여기에 알맞은 도움을 제공하기 위해 유아전문가와 연계된 프로그램 준비도 필요하다.

<u>셋째.</u> 직원지원 금융제도 정착

금전적 손실이나 자금이 필요할 때 도움을 제공하기 위

한 프로그램도 중요하다. 직원이 보증, 채권채무관계로 금전적 손실이 발생할 때 이에 적절한 도움과 조언을 주기 위한 프로그램이 필요하다. 여기에 좋은 아이디어는 직원들과 합의하에 직원들이 수령하는 급여에서 일정 비율로 저축하고 여기에 기업이익의 얼마를 떼어 매달 적립하는 방식을 통해 자본금을 운영하는 방법도 고려할 만하다. 그리고 직원들이 집을 구매하거나 다른 이유로 자금이 필요할 때 기업이 보증하여 직원이 은행에서 대출을 수월하게 받도록 배려하는 것도 필요하다. 기업은 직원이 대출금의 일부를 매달 변제하도록 권고하고 급여에서 공제하는 방법도 좋을 것 같다.

넷째. 직원지원 금융상담제도 정착

직원들이 재테크를 통해 자본을 늘려 가도록 도움을 줄 프로그램이 필요하다. 기업은 직원들이 자본을 늘려 가기 위한 방법으로 기업의 주식, 채권을 구매하도록 제공하거나 다른 금융전문가와의 상담을 통해 좋은 정보를 받는 프로그램이 필요하다.

다섯째. 건강상담 프로그램

직원들의 건강을 점검하고 조언을 받을 수 있는 건강프로그램이 필요하다. 기업전담 전문의와 연계된 프로그램을 보유하고 있어 직원들이 건강에 문제가 발생하면 수시로 상담하고 조언을 구할 제도가 필요하다. 그리고 직원 가족들에게도 이를 이용하도록 배려해야 한다. 건강을 유지하는 비용에 건강보험 외에 기업이 일정하게 지원하는 프로그램도 필요하다.

<u>여섯째.</u> 가족과 함께하는 프로그램 정착

직원들이 많은 업무로 인해 가족과 함께하는 시간이 줄어드는 것을 보상하기 위한 프로그램이 필요하다. 특히 자녀들과 함께하는 시간이 적으므로 업무시간 중에 직원들에게 자녀들을 위한 깜짝 이벤트를 준비하여 제공하도록 배려하는 프로그램이 필요하다. 예를 들면, 자녀 도시락을 직접 직원이 업무시간 중에 자녀학교로 가져가 자녀에게 전달하는 방법 그리고 자녀 동급 학생들에게 도시락을 제공하도록 하는 이벤트도 좋다. 이렇게 함으로써 자녀는 아버지 회사에 대한 신뢰와 아버지에 대한 고마움을 표현하여 자녀와 깊은 정을 나누도록 한다. 이와 유사하게 아내에게도 하도록 하여 부부간 정도 나누고 부족한 부분을 채워주는 프로그램도 중요하다. 그 외 가족 간 여행을 가도록 배려하는 것도 좋은 방법이라고 나는 본다.

위와 같은 방법을 통해 직원 간 기업이 서로 밀접한 관계라는 사실을 다시 한 번 직원들에게 상기시키고 기업은 직원들을 사랑하고 있다는 메시지를 강력하게 전달하는 방법이 되도록 운영해야 한다. 이런 이벤트 또는 행사를 통해 기업과 직원 가족은 하나의 공동운명체라는 사실을 서로 확인하고 서로를 배려하는 그런 분위기가 되도록 노력해야 한다. 기업은 직원들의 어려움을 잘 살펴서 사전에 대비하도록 도움을 주어야 한다. 또한 직원들이 업무 집중을 못하게 하는 방해요소들을 정확히 파악하여 기업은 이를 해결하기 위해 적극 개입해야 한다.

The lifeblood of any organization is it's People

나는 모든 조직에 혈액과 같은 것이 바로 사람이라고 생각한다. 사람도 혈액순환이 잘되어야 혈색도 좋고 건강하게 보인다. 혈액 자체가 문제가 되면 그때부터 많은 질병들이 발생한다. 이처럼 조직에서도 가장 중요한 것은 바로 사람이다. 사람이 있어야 조직을 구성할 수가 있고 그 조직을 새롭게 만들고 활성화하는 것도 사람이다. 기업의 존폐(存廢) 여부는 사람에게 달렸다. 기업이 좋은 인재를 보유하고 있다는 것은 경쟁사와 차별화를 가능케 하는 요소를 보유하고 있다는 것이다. 중소기업이 살아남기 위해서는 우수한 인재를 확보하고 이를 잘 유지하는 것이 중요하다.

필자와 잘 알고 지내는 한 중소기업 최고경영자는 이렇게 말했다. "인재가 중요하다는 사실은 잘 알고 있다. 하지만 인재를 유치하려면 많은 비용이 소요되고 좋은 복지시설도 필요한데 중소기업에서 이런 비용을 충당할 여력이 없다." 하지만 필자가 보기에는 중소기업 최고경영자의 생각을 바꾸어야 한다. 중소기업에서 좋은 인재를 확보하려면 먼저 중소기업의 비전과 목적을 분명히 정의하고 나갈 방향을 설정해야 한다. 즉 기업의 청사진을 먼저 만들고 여기에 맞는 인재에게 노력에 대한 인정과 보상을 어떻게 할 것인가에 대해 논의를 하고 인재가 선택하도록 한다. 여기서 인정과 보상은 중소기업에 맞는 방법, 즉 운영 자본금이 약할 때는 기본급은 낮게 책정하고 단기 성과급과 장기 성과급을 상당히 높게 책정하여 인재가 한 번쯤 도전할 만하다는 느낌이 들도록 만들면 된다. 좋은 인재는 자신의 결과물에 더 많은 관심이 있다. 보상은 나중 문제라고 필자는 본다.

기업은 고객을 감동시켜야 생존할 수가 있다. 고객이 원하는 상품을 만들려면 상품을 기안하고 연구개발과 마케팅을 담당할 인재가 필요하다. 내부인재인 직원이 감동하고 만족해야 고객을 감동시킬 제품을 만들 수가 있다. 기업 최고경영자는 항상 직원을 사랑해야 한다. 마치 내 가족처럼 대해야 한다. 직원들이 최고경영자에게 받는 만큼 고객에게 베푼다.

필자는 인사조직에 있어서 가장 중요한 것은 인재선발이

라고 본다. 인재를 선발하는 것은 대단히 어렵다. 사람을 아는 것은 사람을 쓰기 위한 가장 기본적인 전제조건이다. 그런데도 사람을 알고 얼굴은 알아도 마음을 알기는 무척 어렵다. 그러므로 인재를 선발함에 있어 가장 우선할 것은 사람의 됨됨이다. 즉 사람의 기본 인성이 대단히 중요하다. 기본 인성에는 많은 것이 있지만 기본적인 예와 덕이 있어야 한다. 기업을 시작함에 있어 기업에 합당한 인재가 제대로 충족되지 않으면 기업을 시작하지 않는 것이 좋다. 창업은 언제든지 할 수가 있다. 하지만 제대로 된 인재가 부족한 상태에서 기업을 시작하면 그 기업은 얼마 가지 못해 어려움을 당한다.

좋은 인재가 기업에 들어오면 기업은 좋은 인재를 훈련시키고 양육해야 한다. 몸도 건강을 유지하기 위해서는 계속 운동을 해야 한다. 이처럼 기업도 인재를 철저히 훈련시키고 성장하도록 도와야 한다. 인재가 가지고 있는 재능을 마음껏 발휘하여 자아실현의 장소가 기업이 되도록 인재를 배려하고 투자해야 한다. 또한 기업은 철저한 인정과 제대로 된 보상을 주는 시스템을 보유해야 한다. 인재의 열정을 지속화하는 것이 바로 비전과 보상이다. 적절한 보상이 이루어지도록 기업은 노력해야 한다.

우리가 영화를 볼 때 영화가 끝나고 나서 작고 희미한 글자로 영화를 만든 사람들을 자막으로 띄운다. 그 자막을 보면서 나는 이런 생각을 했다. 이 영화 한 편을 만들기 위해 많은 사람들이 동원되고 그들의 적지 않은 노력들이 있었기에 이 영화가 만들어졌고 내가 볼 수 있었구나 하고……

이처럼 모든 조직에 있어 사람들이 혈액같이 돌지 않으면 어떤 작품도 나올 수도 없고 존재할 수도 없다. 우리는 기억해야 한다. 사람들이 바로 희망이고 이 사람들이 바로 인재로 성장가능하다는 사실을……

하나님은 모든 사람들에게 각자 맞는 재능을 주었다. 그 재능을 발견하고 여기에 집중하면 누구나 좋은 인재로 성장할 수가 있다. 나는 다음과 같이 확신한다. 좋은 인재는 탄생하는 것이 아니라 노력하고 양육해야만 한다는 것이다. 많은 기업들은 좋은 인재를 확보하기 위해 인재전쟁을 펼치고 있다. 여기에 중소기업들도 적극적으로 참여해 좋은 기업으로 거듭나기를 간절히 바란다.

1. 마이클 J. 마쿼트·피터 론 저(2006년), 『멘토』, 이른아침 출판.
2. 빌 하이벨스 저(2007), 『아무도 보는 이 없을 때 당신은 누구인가?』, IVP 출판.
3. 박형건 저(2008), 『비전으로 가슴을 뛰게 하라』, 한국학술정보(주) 출판.
4. Harvard Business Review(2007) March Issued.
5. 이홍 저(2008), 『자기창조 조직』, 삼성경제연구소 출판.
6. 동아 Business Review (2008) 4월호

역량군 리스트

구 분	상위역량군	하위역량군	세부역량(개)
역량군	사고력	사고력	4
	리더십	부하육성	5
		신뢰형성	4
	조직활성화	타인이해	5
		조직 변화관리	2
	경영마인드	비즈니스 마인드	4
		도전과 혁신	3
스킬군	커뮤니케이션	효과적인 의사결정	3
		프레젠테이션	2
	자기관리	자기관리	4
	업무수행관리	상황대응	4
		프로세스 지향	6
총 계			46

구 분	역량군/ 스킬군	하위 역량군	최하위 역량	정 의	행동지표
역 량 군	사 고 력	사 고 력	창의력	개념적 추리를 통해 기존 지식을 응용하거나 새로운 지식을 만들어 낸다.	· 문제를 해결하기 위하여 이전에 무시되었던 관련 사항이나 개념을 추적하고 구체화한다. · 서로 무관하거나 상반된 기존의 개념들을 연결하여 새로운 개념을 만들어 낸다. · 새로운 방법을 찾기 위해 다양한 각도에서 여러가지 방법을 생각해 낸다. · 새롭고 독특한 아이디어를 제안한다. · 아이디어를 실현할 수 있는 구체적인 대안이나 계획을 수립한다.
			분석적 사고	복잡한 과제나 데이터 등을 작은 단위로 세분화하여 각각의 관련성을 파악하고 핵심적인 사항을 분류해 낸다.	· 담당하고 있는 업무의 현황과 문제점을 진단하는 데 도움이 되는 자료를 체계적으로 수집하여 분석하고 이를 근거로 핵심사항을 도출해 낸다. · 복잡한 업무를 효과적으로 처리하기 위하여 표나 차트, 통계적 분석 등을 활용하여 자료를 구체화한다. · 여러 정보를 세분화하여 관련 있는 것끼리 분류하여 활용한다. · 상황이나 정보의 함축적 의미를 파악한다. · 문제를 해결하기 위해 필요한 정보나 자료가 무엇인지 정확히 파악한다.
			시스템 적 사고	주어진 정보를 구조화하여 전체를 유기적으로 볼 줄 알며, 조직 전반의 업무 흐름을 잘 파악한다.	· 업무추진과정에서 나타나는 문제점을 개별적으로 대응하기보다는 근본적으로 업무처리과정을 점검하여 개선한다. · 단편적인 정보를 종합하여 전체적인 문제 상황을 머릿속에서 그려 보고 단계적으로 해결방안을 찾는다. · 상황이 새롭게 전개되더라도 과거의 상황과 비교할 때 드러나는 유사점과 차이점을 분석하면서 대응한다. · 광범위한 시각을 가지고 주어진 정보를 조직화한다. · 관련이 없어 보이는 정보들에서도 연관성을 찾아낸다.
			문제 해결 (인지적)	문제 발생 시 문제의 본질을 정확히 파악하여 효과적인 해결을 주도한다. 복잡한 상황이나 중요한 사안에 관련된 문제들을 전략에 맞추어 해결한다.	· 섣부른 판단이나 확신을 지양하고 다양한 가능성을 찾아서 적절한 대안을 도출한다. · 수집된 사실적 정보와 자료를 심층적으로 분석하여 문제의 근본 원인을 규명한다. · 최선의 해결책을 찾기 위해서 먼저 문제가 무엇인지를 생각하고 가능한 해답들을 머릿속으로 상상하고 비교하여 본다. · 문제해결에 도움이 될 만한 자료를 가능한 많이 수집하여 문제의 원인을 정확히 찾고, 다양한 각도에서 문제해결방안을 찾는다. · 다양한 대안을 도출해 내고, 그중에서 가장 효율적인 방법을 모색한다.

구 분	역량군/ 스킬군	하위 역량군	최하위 역량	정 의	행동지표
역 량 군	리 더 십	부 하 육 성	코 칭	부하직원의 업무수행 과정에 필요한 조언 및 도움(시연, 과제 부여, 교육 참가기회 부여 등)을 부여하고 업무수행 과정 및 결과에 대해 피드백을 해 준다.	・부하의 업무추진 과정을 지속적으로 관찰하여 강점과 약점을 파악하고, 부하의 자기개발 포인트로서 알려준다. ・부하의 잠재적인 역량을 확인하고 업무수행 과정에서 관찰되는 개선요구 사항들은 바로 알려주어 역량이 증대되도록 도와준다. ・부하가 스스로 능력을 개발할 수 있는 방안을 고안한다. ・부하의 능력개발을 위한 교육계획을 세우고 다양한 기회를 부여한다. ・부하가 교육내용을 현업에 적용할 수 있도록 유도한다.
			피드백	업무수행에 대해 즉각적이고 정확한 피드백을 제공하며 칭찬과 비판을 효과적으로 한다.	・일반적인 칭찬이나 비판을 하기보다는 구체적으로 변화되고 개선되어야 할 사항이 무엇인지를 알려준다. ・상대방의 기분을 최대한 고려한 상태에서 상대방이 추진한 업무의 개선방향을 알려준다. ・변화해야 할 행동에 대해 구체적으로 피드백한다. ・가능한 적시에 피드백을 준다. ・상대방에게 피드백을 한 이후에도 지속적으로 관찰하며 지원한다.
			동기 부여	목적달성의 긍정적 결과를 강조하고 구성원들이 업무에 대해 자신감이나 성취감을 느낄 수 있도록 장려하고 자극한다. 구성원들이 원하는 욕구와 동기를 파악하고 업무를 통해 이를 충족할 수 있는 방법과 대안을 제안하고 이를 적극 지원한다.	・부하직원이 추진한 업무결과가 목표달성에 기여한 정도를 이해시키고 개인의 경력목표를 추구하도록 함으로써 자신감, 성취욕, 경쟁의식 등을 높여 준다. ・개인의 업무 추진 효율성을 높이기 위하여 추진력이 부족한 직원에게 적절한 일을 주고 성과가 좋을 때에는 격려한다. ・타인의 잠재력에 대해 긍정적인 기대를 표현한다. ・개인적인 성과물을 다른 사람들이 알도록 한다. ・업무처리능력에 따라 포상, 특별 상여금 지급 등 실질적인 인센티브를 부여한다.

구 분	역량군/ 스킬군	하위 역량군	최하위 역량	정 의	행동지표
역량군	리더십	부하육성	위임	업무에 맞게 구성원들의 역할을 정해 주고 스스로 업무에 대해 권한과 책임을 갖도록 한다.	·부하직원의 특성과 능력을 잘 알고 있다. ·부하직원이 맡은 일을 마무리 지을 수 있도록 자율권을 주고 권한과 책임도 준다. ·가능한 업무담당자가 추진하는 업무에 대해서 책임을 지도록 한다. ·업무담당자의 의도나 의견을 존중하고 중간 점검을 통해 방향을 잡아 준다. ·권한의 범위를 분명하게 제시해 준다.
			명확한 지시	업무를 명확하고 구체적으로 지시하며, 지시를 받는 사람이 책임감을 갖고 업무를 수행하도록 가이드한다.	·업무를 명확히 정의하고 설명한 후 지시내용을 반복적으로 확인해 봄으로써 직원이 지시내용을 정확하게 전달을 받았는지 확인하여 본다. ·업무를 지시하면서 동시에 결과에 대한 책임감도 갖도록 한다. ·업무를 정확히 파악하여 상세한 지시를 내린다. ·목표에 도달할 때까지 계속해서 부하직원에게 업무방향을 제시하고 지도한다. ·부하직원의 불합리한 요구나 용납되지 않는 행동에 대해서는 단호하게 행동의 한계를 정해 준다.
		신뢰형성	비전 제시	조직 혹은 부문의 장기적 전략 및 사업목표를 정확히 이해하고 자신이나 다른 구성원의 업무와 어떻게 연결되는지 구체적으로 제시한다. 앞날에 대해 긍정적인 방향을 알려준다.	·다른 직원의 관심을 유도할 수 있는 긍정적인 비전이나 핵심 목표를 제시한다. ·회사의 미래에 대해서 긍정적이고 희망적인 기대와 모습을 말이나 행동으로 드러낸다. ·나 자신이나 타인의 업무추진 결과가 조직의 목표 달성에 기여하는 정도에 대해서 긍정적으로 말한다. ·업무를 통해 개인의 비전이 어떻게 실현될 수 있는지 보여준다. ·목표의식을 심어 주기 위해 실현 가능한 전략을 제시한다.
			목표 공유	부서(팀)의 목표를 함께 설정하며 설정된 목표를 함께 한 방향으로 추진해 나가도록 독려한다.	·소속부서의 업무목표와 관련 부서의 목표를 비교하고, 유사한 목표는 공유하여 목표달성에 따른 시너지 효과가 나타나도록 한다. ·업무목표는 관련 부서원이 공유하여 업무 방향에 대한 공감대를 형성하고 업무분담을 실시한다. ·조직의 비전과 연계하여 구체적이고 측정이 가능한 목표를 설정한다.

구 분	역량군/ 스킬군	하위 역량군	최하위 역량	정 의	행동지표
역량군	리더십	신뢰형성	목표 공유	부서(팀)의 목표를 함께 설정하며 설정된 목표를 함께 한 방향으로 추진해 나가도록 독려한다.	·부서(팀) 구성원의 의견을 수렴하여 가장 효율적인 목표를 설정한다. ·부서(팀) 내 각각의 업무와 그 연관성 등을 세부적으로 이해한다.
			솔선 수범	관리나 감독 없이도 스스로 알아서 업무를 처리하며 남들이 꺼리는 업무나 어려운 과제도 주도적으로 나서서 해결하려고 노력한다.	·엄격한 감독이나 명확한 지시가 없더라도 맡고 있는 업무는 성실히 수행한다. ·맡고 있는 업무 범위에서 벗어난 일이라도 조직이 필요로 하는 것이면 다른 사람들이 나서서 수행하기 전에 먼저 맡아서 수행한다. ·조직 구성원으로서 규범과 위계를 철저히 준수한다. ·업무수행상 문제점이 발견되면 스스로 해결하려고 노력한다. ·조직 구성원들이 부서(팀)의 문제해결에 적극 몰입하도록 주도한다.
			신뢰 형성/ 윤리 의식	일반적이고 보편적인 윤리원칙과 기준을 지킨다. 비윤리적이거나 부당한 결정에 이의를 제기하고 회사와 고객에 관련된 정보를 누설하지 않는다.	·아무리 사소한 것이라도 자신의 실수를 인정함으로써 타인과의 신뢰를 구축한다. ·회사가 정하고 있는 규칙과 규범. 윤리적 기준 등을 성실히 따름으로써 타인으로부터 신뢰를 받는다. ·상대방과의 약속을 반드시 지킨다. ·개인의 이익보다 타인 및 조직의 이익을 우선시한다. ·상내방에게 친절하고 부드러운 이미지를 심어 준다.
	조직 활성화	타인 이해	대인 이해	타인을 잘 이해하고 상대방의 기분을 잘 파악하여 효과적으로 대처한다. 타인과 쉽게 친밀한 관계를 형성하며 타인의 관심사. 생각. 감정 등을 잘 배려한다.	·상대방의 표정이나 감정 상태를 충분히 파악하면서 대화를 나눈다. ·타인의 의견을 경청하고 자신의 기대를 공유하면서 상대방의 요구사항을 파악한다. ·자신의 행동이 남에게 어떤 영향을 주는지 알고 있다. ·상대방의 개인적인 특성을 재빨리 파악하여 그에 맞게 대응한다. ·타인의 입장을 존중한다.

구 분	역량군/ 스킬군	하위 역량군	최하위 역량	정 의	행동지표
역량군	조직 활성화	타인 이해	개방적 의사 소통	조직 내 정보나 아이디어가 적극적으로 공유되는 채널을 만들어 활용하며 개인의 생각이나 아이디어가 자유롭게 표현되도록 격려한다.	· 먼저 자신의 사적인 부분도 부담 없이 털어놓아 상대방이 친밀감을 느끼도록 한다. · 시시비비를 따지기보다는 수용적인 자세에서 자신의 생각을 말하거나 상대방의 의견을 듣는다. · 각 부서(팀)의 업무 프로세스를 이해하고 상호 대화를 통해 이해를 증진시킨다. · 다양한 경로를 통해 구성원의 견해와 아이디어를 적극 수렴한다. · 조직 내의 공식, 비공식적 의사소통 채널을 알고 이를 활용한다.
			갈등 관리	갈등을 유발한 사람들 간에 원만한 해결책을 유도하고 건설적인 갈등관리가 이루어지도록 한다.	· 갈등관계에 있는 당사자들의 의견을 충분히 경청하고 각자의 의견을 존중해 준다. · 갈등의 당사자들끼리 각자의 생각을 공유할 수 있는 자리를 만들고 해결방안을 함께 찾아본다. · 갈등을 덮어 두지 않고 문제해결의 기회로 삼는다. · 다양한 관점에서 이슈를 해석한다. · 문제 발생 시 각자의 의견을 충분히 경청하고 중립적인 자세를 취한다.
			다양성 관리 (개인)	사람들 간의 개성, 서로 다른 관점 등을 적극적으로 수용하고 서로 속한 집단이나 계층이 다르더라도 잘 융합한다.	· 사람들 간의 개인차를 학습의 기회나 다양한 접근의 기회라고 생각한다. · 사람들이 다양한 특성을 가지고 있다는 점을 인정하고 나의 입장과 다른 의견도 수용한다. · 부서(팀) 간 차이 혹은 개인 성향 간 차이에 의해 야기되는 문제에 대해서 민감하게 대응하지 않고 당연한 것으로 받아들인다. · 출신지, 성별, 종교 등이 달라도 이에 얽매이지 않고 잘 융합한다. · 창의적인 아이디어와 해결안 창출을 위해 다양한 의견을 수용하고 인정한다.
			팀워크 지향 (팀빌딩)	팀원들끼리 자주 의견을 공유하고 함께 일한다는 마음가짐을 갖는다. 모든 팀 업무에 팀원들이 적극 개입하도록 한다.	· 다른 직원들과 결정 내용을 공유하고, 결정의 배경이나 당위성에 대해서 설명하고 공감을 유도한다. · 협동하는 자세로 서로의 업무를 파악하며 필요한 자원을 제공한다. · 부서(팀)에 영향을 미칠 이슈나 정보를 공유한다. · 개인의 생각보다는 팀 전체의 의견을 존중한다. · 부서(팀) 간 단합과 대화가 이루어질 수 있는 기회를 마련한다.

구 분	역량군/ 스킬군	하위 역량군	최하위 역량	정 의	행동지표
역량군	조직 활성화	조직 변화 관리	조직 변화 관리	경쟁상황에서의 변화 필요성을 잘 인식하고 변화에 신속히 적응하고자 노력한다.	· 경쟁환경에서 경쟁력의 우위를 차지하기 위해서 새로운 기술을 적극적으로 도입하고 업무개선에 적용하는 것을 주장하고 실천하려고 한다. · 변화가 조직에 미치는 중장기적 영향을 분석하고 체계적인 대응계획을 수립한다. · 변화를 긍정적으로 받아들이고 변화에 맞추어 역할, 업무, 책임 등을 권한범위 내에서 신속히 조정한다. · 외부환경변화에 따라서 조직이 신설되거나 개편되고 사업방향이 바뀌는 것을 사전에 탐지하고 이에 적응한다. · 조직 구성원들이 변화를 보다 긍정적으로 받아들여 획기적인 자기발전과 성과향상을 이룰 수 있도록 촉진한다.
			다양성 관리 (조직)	사람들 간의 개성, 서로 다른 관점 등을 적극적으로 수용하고 서로 속한 집단이나 계층이 다르더라도 잘 융합한다.	· 서로 다른 사회·문화·경제적 배경을 가진 사람들이 조직 내에서 편안하게 일할 수 있는 환경을 조성한다. · 사람들 각자의 수준과 전문성에 맞는 일에 참여할 수 있도록 업무를 조정해 준다. · 각각에게 동등한 기회와 자원을 제공한다. · 서로 이질적인 조직 구성원들이 자신의 의견을 제시하도록 자주 의사소통한다. · 출신지나 학연, 지연 등에 얽매이지 않고 서로 쉽게 융화되고 협조하는 분위기를 조성한다.
	경영 마인드	비즈니스 마인드	조직 이해	우리 조직의 상품, 서비스, 고객에 대해 잘 알고 있고 의사결정이 어떠한 경로로 이루어지는지 잘 이해한다. 조직의 사업, 재무, 경영 원칙, 조직 문화 등의 변화에 대해 신속히 파악한다.	· 자신이 속한 조직의 전략, 운영방식, 역사 등을 파악하고 이에 맞춰 나간다. · 조직의 공식적인 구조, 위계, 규정, 운영 절차 등을 고려하여 업무를 추진한다. · 자사의 핵심사업과 품목, 서비스, 고객의 특성, 경쟁사 등에 대해서 잘 알고 이를 업무에 활용한다. · 자신의 행동과 의사결정이 다른 사업부문이나 조직에 어떤 의미가 있는지 신중히 검토한다. · 자신의 업무나 조직 내 다른 부문과 어떻게 연계되어 있는지 알고 있다.
			재무 이해	조직 내 비용 흐름을 잘 알고, 특정 업무 및 프로세스가 회사 수익에 어떠한 영향을 주는지 파악한다.	· 중요한 업무나 관련 업무 프로세스가 회사의 수익에 어떠한 영향을 미치는지를 알고 있다. · 주요 재무지표의 의미를 이해한다. · 재무 정보를 이용하여 각 의사결정이 회사의 수익에 어떠한 영향을 미치는지를 안다. · 자신이 속한 조직의 재무정보에 관심을 가지고 신속하게 파악한다. · 담당업무와 관련된 비용 흐름을 정확히 파악한다.

구 분	역량군/스킬군	하위 역량군	최하위 역량	정 의	행동지표
역량군	경영 마인드	비즈니스 마인드	사업가적 마인드	보다 거시적인 안목을 갖고 새로운 사업 기회나 가능성을 포착한다. 앞날에 대한 정확한 예측과 전략을 통해 조직을 이끌어 간다.	· 경제적 동향이나 경쟁사의 사업방향과 전략 등을 분석하여 중장기적으로 시장성이 있을 사업 아이디어를 모색한다. · 고객이나 경쟁상의 입장에서 자신의 담당업무나 소속부서의 사업전략을 평가해 본다. · 업계동향에 관한 최신 정보를 많이 알고 있다. · 비즈니스와 관련된 최신의 정치, 사회, 경제적 상황을 잘 알고 있다. · 장기적인 기회나 잘 보이지 않는 잠재력을 파악해 낸다.
			원가 의식	예산관리를 정확하게 하며 항상 투자대비 성과를 높일 수 있는 방향으로 의사결정을 한다.	· 손익 증대를 위한 전략을 구체적으로 수립하고 마케팅을 하여 고수익을 올린다. · 비용의 효율성을 높이려고 작은 일에 대해서도 원가의식을 갖고 업무를 수행한다. · 예산을 정확하게 산정한다. · 예산을 고려하여 자원을 관리한다. · 예산과 실제 소요비용을 항상 점검한다.
		도전과 혁신	위험 감수	불확실하고 위험한 상황에서도 기회를 찾아내고 위험을 감수하는 행동을 한다. 결과가 불분명한 일이라도 새롭고 혁신적인 일이라면 과감히 도전한다.	· 과거의 경험이나 관례에 상치된다고 하더라도 새로운 방식을 적극적으로 실천한다. · 업무를 달성할 수 있는 기회가 포착되면, 개인적으로나 소속부서에 다소 희생이 예상되더라도 과감하게 추진해 본다. · 더 나은 앞날을 위해서 위험을 감수하고서라도 목표 이상을 달성하고자 노력한다. · 새로운 일에 시간과 자원을 과감히 투입한다. · 결과를 예측할 수 없을 때에도 기회를 포착하거나 새로운 목표로 간주되면 과감하게 시도한다.
			혁신성	관습적으로 해 오던 업무 방식에 이의를 제기하고 개선될 필요가 있다고 판단되면 적극적으로 개선을 주장하고 실천한다.	· 다른 사람에게 현재의 업무 처리 방식이나 프로세스가 최선이 아니라는 생각을 주지시킨다. · 변화에 따르기보다는 변화를 주도하고 촉진하는 역할을 자발적으로 수행한다. · 최신 이론을 업무에 적용시켜 보려는 시도를 한다. · 현실에 맞지 않는 업무 규정에 얽매이지 않고 더 좋은 방법을 찾는다. · 자신의 업무수행방법을 과감히 변화시킨다.

구 분	역량군/스킬군	하위 역량군	최하위 역량	정 의	행동지표
역량군	경영 마인드	도전과 혁신	개선 의지	이의를 제기하며, 항상 문제점을 개선하려는 자세를 갖추고 있다.	· 현재에는 문제가 안 되지만 향후 손익을 고려하여 담당하고 있는 업무에 대해 가능한 한 손익분석을 해 본다. · 해결할 필요가 있는 문제 상황이 발견되면, 지나치지 않고 다른 사람과 의견을 공유하고 필요한 정보를 통해 문제의 해결점을 찾으려고 한다. · 다양한 관점에서 개선안을 검증한다. · 전통이나 관례의 문제를 발견하고 이의를 제기한다. · 개선할 포인트를 분석하여 구체적인 개선방안을 수립한다.
스킬군	커뮤니케이션	효과적 의사소통	협 상	협상 대상으로부터 최선의 결과를 얻어내면서도 서로 win—win할 수 있도록 입장을 잘 조율한다.	· 협상과정에서 상호 존중하고 우호적인 분위기를 조성한다. · 차기 협상을 위해 협상과정과 결과를 재검하고 개선안을 도출한다. · 협상의 쟁점을 예상하고 적절한 양보와 타협안을 준비하여 둔다. · 인간적 관계를 손상하지 않고 목적을 달성한다. · 짧은 시간 안에 협상 상대에게 신뢰를 얻는다.
			설 득	타인에게 자신의 생각과 행동을 관철시키고자 한다. 구체적인 자료, 실례 등을 통해 자기의 입장을 다양한 형태로 표현하고 동의하도록 유도한다.	· 자신의 입장을 타인에게 전달하는 것이 부족하다면, 구체적인 자료나 사례, 시범, 연구자료 등을 활용하여 보다 명확하게 전달하려고 한다. · 상대방이 관심을 둘 만한 사항(일정, 비용 등)을 미리 파악하여 자세히 설명한다. · 적질한 양보외 타협안을 미리 생각해 둔다. · 합리적이고 논리적으로 자신의 의견을 피력한다. · 자신에게 유리한 분위기를 조성한다.
			경 청	상대방의 이야기를 주의 깊게 들으며 진정으로 공감하고자 노력한다.	· 나의 입장에서 상대방의 이야기를 듣기보다는 상대방의 말하는 의도를 확인하면서 듣는다. · 상대방이 한 말을 그대로 받아들이기보다는 나의 입장에서 정리하고 상대방이 말하고자 하는 것과 일치하는 것인지를 상대방으로부터 확인한다. · 상대방 말의 핵심이 무엇인지 파악하려고 노력한다. · 상대방의 말을 끊지 않고 끝까지 들으며, 말하려는 사람이 계속 이야기할 수 있도록 격려한다. · 상대방이 이야기할 때, 적절한 비언어적 단서(눈 맞춤, 끄덕임 등)를 통해 관심을 표현한다.

구 분	역량군/ 스킬군	하위 역량군	최하위 역량	정 의	행동지표
스 킬 군	커뮤니케 이션	프레젠테 이션	프레젠 테이션	자신이 의도한 바를 청중에게 정확하고 일목요연하게 전달하며 듣는 대상에 맞게 적절한 의사소통 기법을 사용한다.	· 발표자료는 상대방이 이해하기 쉽도록 간결하게 제시하며, 실제 사례를 함께 곁들여 준다. · 주요한 활동실적이 강조가 되도록 정리하고 시각화하여 한눈에 전달하는 내용을 알아볼 수 있게끔 제시한다. · 주제에 대한 이해가 명확하다. · 청중의 수준을 고려하여 메시지를 전달한다. · 사람들 앞에서 발표하는 것을 두려워하지 않는다.
			구조화 된 문서 작성	문서를 명료하게 작성하고 효과적으로 메시지를 전달한다. 고객의 특성과 요구에 맞도록 문서를 구조화하여 자신의 아이디어와 생각을 명확히 표현한다.	· 상대방이 문서를 보기 쉽도록 여백을 두고 작성한다. · 상대방이 이해하기 쉽도록 간결하고 명료하게 문장을 표현한다. 〃 · 문서의 주요 골격, 흐름 등을 잘 파악한다. · 전체 방향과 문서의 목적에 맞게 구조화한다. · 효과적인 메시지 전달을 위해 그래픽이나 표를 이용한다.
	자기 관리	자기 관리	자기 변화 관리	경쟁상황에서의 변화 필요성을 잘 인식하고 변화에 신속히 적응하고자 노력한다.	· 조직 내부와 외부의 변화가 주는 이점을 재빨리 파악하여 자기발전의 기회로 삼는다. · 담당업무나 지위 등에서 예상하지 못하였던 변화가 일어나면, 침착하게 대응하면서 오히려 자기발전의 기회로 받아들인다. · 항상 새로운 지식과 정보를 습득한다. · 변화에 대한 정보를 공유하고 적극적으로 대응한다. · 변화에 대해 두려워하지 않으며 확신을 가지고 행동한다.
			자기 관리 (감정/ 스트 레스)	항상 자신의 감정을 잘 조절하고, 개인의 사생활과 업무수행 사이에 균형을 잘 이룬다.	· 다른 사람의 반대나 비난을 받게 되는 경우, 당황하기보다는 자신의 감정을 잘 다룬다. · 스트레스 상황에 처해지더라도 감정적으로 자신을 잘 통제하고 침착하게 현황을 파악하여 적절하게 수습한다. · 스트레스 상황에서도 자신의 행동이 타인에게 미치는 영향을 고려하여 행동한다. · 스트레스를 취미생활 등을 통해 적절히 조절한다. · 힘든 일이 있더라도 여유를 잃지 않는다.

구 분	역량군/ 스킬군	하위 역량군	최하위 역량	정 의	행동지표
스 킬 군	자기 관리	자기 관리	자기 확신	목표를 달성하고 문제를 해결하는 자신의 능력에 대해 신념을 가지고 있다. 확신과 신념에 의거하여 의사결정하며 자신의 판단을 믿는다. 자신의 아이디어, 비전, 궁극적인 성공을 믿는다.	· 타인이 동의하지 않더라도 내 자신이 확신하는 바에 따라서 독자적으로 결정하고 행동한다. · 일단 사업이 시작되면, 반드시 성공할 수 있다고 생각하고 적극적으로 추진한다. · 자신의 판단이나 능력에 대해 확신을 표시한다. · 반대에 직면해서도 꿋꿋하게 대응해 나갈 수 있다. · 모호한 상황에서는 자신의 판단대로 밀고 나간다.
			전문성 추구	자신의 강약점을 잘 파악하여 이를 보완하기 위해 자기개발 노력을 기울이며 보다 전문적인 지식과 기술을 습득하기 위해 학습 기회를 놓치지 않는다.	· 경쟁사의 전문성 수준과의 비교와 같이 자신의 전문성을 비교 평가할 수 있는 방법을 찾고 개발 필요점을 도출한다. · 끊임없이 자신이 부족한 부분을 평가하고 개선하기 위해 방법을 모색한다. · 개인적 시간을 별도로 투자하여 더 나은 업무처리를 위한 기초학습(외국어, 전산 등)을 한다. · 자신의 기술과 지식을 최신의 것으로 유지하기 위해 노력한다. · 사내/외 교육, 세미나 등에 지속적으로 참석한다.
	업무수행 관리	상황 대응	정보 탐색	필요한 정보가 어디에 있는지 잘 알고, 다양한 채널이나 방식을 통해 정보를 효과적으로 수집한다.	· 경쟁사의 정보를 누구보다도 신속히 파악하여 이를 공유하고 대응방안을 모색한다. · 문제상황이나 동향 추이를 이해하기 위해 여러 가지 정보원으로부터 필요한 정보를 신속하게 수집한다. · 정보 수집을 위해 동종업체 및 경쟁사 실무자들과 인간적인 관계를 형성하고 유지한다. · 수집된 정보를 적절히 활용한다. · 필요한 정보의 종류를 정확히 파악한다.
			즉각적 대처	돌발상황에 침착하게 대응하고 단호하면서도 즉각적인 판단을 내릴 수 있다.	· 다른 부서와의 업무추진 시 문제가 발생하면, 관련 부서에 즉시 통보하고 상사의 지침을 받기 위하여 상황을 신속히 보고할 방법(전자우편, 구두보고 등)을 찾는다. · 추진하고 있는 업무에 대해 우선순위별로 목록을 작성하고, 일의 우선순위에 따라서 처리한다. · 예기치 않은 새로운 상황에 대해 신속하고 적극적으로 대처한다. · 돌발적인 상황에서 침착성을 유지한다. · 문제의 본질을 신속히 파악하여 단시간 내에 문제해결을 위한 구체적 행동을 취한다.

구 분	역량군/ 스킬군	하위 역량군	최하위 역량	정 의	행동지표
스 킬 군	업무 수행 관리	상황 대응	문제 해결 (스킬)	문제 발생 시 문제의 본질을 정확히 파악하여 효과적인 해결을 주도한다. 복잡한 상황이나 중요한 사안에 관련된 문제들을 전략에 맞추어 해결한다.	· 선입견이나 감정적인 추측을 배제하고 사실적인 문제에만 집중해서 논의한다. · 전문가나 타 구성원들의 의견을 적극 수렴하여 가능한 대안을 모두 도출한다. · 문제 발생 시 문제 상황과 관련된 정황(관련인, 발생 배경 등)을 신속하고 정확하게 파악한다. · 현실성과 긴급성 등을 고려하여 가장 적합한 타이밍에 합리적인 해결안을 이끌어 낸다. · 과거의 경험이나 방법론을 적절히 응용하거나 변형하여 문제에 대한 해결책을 강구한다.
			결단력 (의사 결정)	즉각적인 의사결정이 필요한 상황에서 단호하고도 과감한 결단을 내린다.	· 상대방의 의견을 최대한 경청하여 오해의 소지는 줄이지만, 필요하면 상대방에게 부담이 되더라도 계획한 일은 진행시키도록 한다. · 결정기준이 애매하거나 관련 자료가 부족한 상황에서도 과감히 의사결정을 내린다. · 의사결정에 도움이 될 만한 자료는 가능한 많이 확보한다. · 사안의 긍정적, 부정적 효과를 미리 진단해 본다. · 의사결정이 가지는 위험성을 최소화하기 위해 객관적 자료를 활용한다.
		프로 세스 지향	업무 구조화	업무의 단계별 활동을 효율적으로 배분하고 구조화한다.	· 업무를 마칠 때까지 걸리는 시간과 업무 중요도를 고려하여 업무처리의 우선순위를 부여한다. · 혼자서 처리할 수 있는 업무와 타인이나 타부서의 협조가 필요한 업무를 구분하여 처리한다. · 업무추진과정을 주기적으로 점검한다. · 업무와 책임을 분명하게 배정한다. · 업무 단계별 문제점을 예상하고 이에 대응방안을 마련한다.
			업무 네트 워킹 형성	원활한 업무수행을 위해 필요한 정보나 자원을 제공해 줄 수 있는 사람들과 원만한 관계를 형성하고 서로 도움을 주고받는다.	· 협력업체와 같은 업무 관련 업체의 현실을 파악하여 신속히 요구사항에 대응하고, 업무가 종료되더라도 진행사항을 모니터링하면서 도움을 준다. · 업무목표를 달성하는 데 필요한 인물이나 집단과 사전에 긴밀한 협력관계를 유지하여 둔다. · 타 부서(팀)의 업무협조와 한계를 명확히 한다. · 필요시 도움을 받고자 하는 사람에게 적절한 업무협조를 이끌어 낸다. · 기술 및 비즈니스 이슈, 동향 파악을 위해 조직 내외의 다양한 사람들과 접촉한다.

구 분	역량군/ 스킬군	하위 역량군	최하위 역량	정 의	행동지표
스 킬 군	업무 수행 관리	프로 세스 지향	자원조 직화	자원의 최적 사용을 위해 효율적으로 자원을 분배하고 활용한다.	• 주어진 목표를 달성하는 데 필요한 자원과 가용한 자원을 파악하여 자원을 효율적으로 활용한다. • 조직 내부나 외부의 전문가를 적절히 활용하여 현안 과제들을 해결한다. • 핵심 과제에 자원을 집중한다. • 자원의 최적 사용을 위해서 창의적인 대안(아웃소싱, 부문 간 인력대여 등)을 제시한다. • 업무 시간을 효율적으로 분배하여 업무 지연이나 목표 미달성 등을 미연에 방지한다.
			계획 수립	목표달성을 위해 세부 활동들을 파악하여 현실적이고 실행 가능한 실천계획을 수립한다.	• 새로운 일을 추진할 때에는 목표달성에 문제가 될 수 있는 사항들을 미리 파악하고 업무가 지연되지 않도록 일정을 계획한다. • 계획 수립 전에 필요한 정보를 충분히 수집, 분석한다. • 사안의 중요도와 우선순위를 파악한 후, 구체적 계획을 수립한다. • 사전에 소요시간, 인원, 비용 등을 정확하게 산출한다. • 변경이 예상되는 사안을 미리 파악한다.
			업무완 결성	업무 프로세스상에 장애요인이 있거나 결과가 모호한 상태에 처하더라도 반드시 최종 결과를 도출하기 위해 최선을 다한다.	• 업무를 추진하는 데 있어서 어려움이 있더라도 목표달성을 위하여 최선을 다하는 모습을 보인다. • 업무가 다소 지연되더라도 변명하기보다는 그 원인을 찾아서 개선시킴으로써 추진하는 업무가 종료되도록 한다. • 업무수행 목표를 달성하지 못한 데 대해 변명하지 않고 최선을 다한다. • 달성해아 할 목표를 정확하게 파악하고 목표달성에 매진한다. • 목표달성을 위해 필요한 자원을 최대한 결집시킨나.
			세밀한 일관리	아무리 작은 일이라도 결과물에 영향을 미치는 모든 영역을 철저하게 검토하고 확인한다. 전체 업무 목표를 염두에 두면서 세부를 정확하고 치밀하게 처리한다. 일이 올바르고 철저하게 진행되었는지 지속적으로 확인한다.	• 업무를 추진하면서 문제가 발생할 수 있는 소지를 최소화하기 위하여 회사의 관련 규정이나 과거관행 등에 대해서 철저하게 조사를 한다. • 아무리 작은 일이라도 최종 결과물에 영향을 미치는 모든 관련 영역을 철저하게 검토하고 확인한다. • 보고서나 주문서, 기타 문서를 정확하게 작성한다. • 각종 정보나 데이터의 정확성을 이중으로 확인한다. • 전체 업무목표를 염두에 두면서 납기와 품질 수준을 유지하기 위해 시간과 자원관리를 철저히 한다.

박형건 ————————————————————————

▌약력

박형건 소장은 KAIST 석사과정 졸업, 취리히(Zürich) 대학교 경영대학원 박사과정을 마치고 한진경제연구소 책임연구원, CITIgroup 아시아 지역 연구원 및 인제대학교 김해기업연구소부설 CEO 아카데미 출강, 지역사회 창조적인 활동 및 강연(김해 지역 중소기업 인적자원 컨설팅, 교회경영 컨설팅, 기독실업인단체, 지역 중고등학교, 극동방송, 창원극동방송) 등을 활발히 진행하고 있다. 현재 인재경영연구소(parkinstitute.co.kr) 운영

▌주요논문 및 저서

「항공 운송의 효율성 제고」
「인적자원의 역량 제고 방안」
「중소기업 인적자원 관리 실태」
「교회의 전략경영」
「비전으로 가슴을 뛰게 하라」
외 다수

It's People

초판인쇄 | 2009년 3월 31일
초판발행 | 2009년 3월 31일

지은이 | 박형건
펴낸이 | 채종준
펴낸곳 | 한국학술정보㈜
주　소 | 경기도 파주시 교하읍 문발리 513-5 파주출판문화정보산업단지
전　화 | 031) 908-3181(대표)
팩　스 | 031) 908-3189
홈페이지 | http://www.kstudy.com
E-mail | 출판사업부 publish@kstudy.com

등　록 | 20,000원
가　격 |

ISBN　978-89-534-1417-4　03320 (Paper Book)
　　　　978-89-534-1418-1　08320 (e-Book)

어담 Books 는 한국학술정보(주)의 지식실용서 브랜드입니다.